성호학파의 좌장

소남 윤동규

허경진

1952년 피난지 목포에서 태어나 인천에서 자라며, 송현초등학교, 인천중학교, 제물포고등
학교를 졸업하였다. 연세대학교 국문과를 졸업하면서 시 「요나서」로 연세문학상을 받았
고, 「허균 시 연구」로 연세대에서 문학박사학위를 받았다. 목원대 국어교육과와 연세대 국
문과 교수로 재직하였고, 지금은 연세대 신학과 객원교수, 서울시 문화재위원으로 있다.
저서로는 『허균평전』, 『조선위항문학사』, 『대전지역 누정문학연구』, 『한국의 읍성』, 『사대
부 소대헌 호연재 부부의 한평생』, 『중인』, 『한국 고전문학에 나타난 기독교의 편린들』 등
이 있으며, 역서로는 『한국의 한시』 총서 40여 권 외에 『삼국유사』, 『연암 박지원 소설집』,
『서유견문』, 『매천야록』을 비롯한 20여 권이 있다.

성호학파의 좌장, 소남 윤동규

2020년 12월 30일 초판 1쇄 펴냄

지은이 허경진
펴낸이 김흥국
펴낸곳 보고사

책임편집 황효은
표지디자인 손정자

등록 1990년 12월 13일 제6-0429호
주소 경기도 파주시 회동길 337-15 보고사
전화 031-955-9797(대표), 02-922-5120~1(편집), 02-922-2246(영업)
팩스 02-922-6990
메일 kanapub3@naver.com/bogosabooks@naver.com
http://www.bogosabooks.co.kr

ISBN 979-11-6587-132-1 94910
      979-11-6587-131-4 (세트)
ⓒ허경진, 2020

정가 20,000원

소남 윤동규 총서 1

성호학파의 좌장
소남 윤동규

허경진 지음

보고사
BOGOSA

머리말

이 책의 제목을 고심하다가 일단 『성호학파의 좌장, 소남 윤동규』라고 정하였다. '일단'이라고 강조한 것은 과연 좌장이라고 써도 되는 것인지 검토가 필요하기 때문이다.

소남 학문의 전모를 살펴보려면 문집을 비롯한 유품들을 먼저 정리해야 한다. 제자가 많지 않은데다가 아들까지도 일찍 세상을 떠나다 보니, 소남의 문집은 서문이나 발문도 없이 필사해놓은 초고 상태로만 종가에 전해져왔다. 표지에 '소남선생유고초'라고 쓰여 있다 보니, 권수제가 『소남선생문집』임에도 불구하고 '소남선생유고초'라는 표제로 더 알려져 왔다.

소남의 문집이 외부에 전해지지 않아서, 성호의 3대 제자 가운데 하나라는 평가와는 달리 그의 면모가 제대로 알려지지 않았다. 성호나 순암의 저술에 보이는 그의 편지 내용이라든가, 아니면 순암이 지은 행장을 중심으로 연구해온 것이 현실이다. 영인본이 나온 뒤에도 사정이 크게 달라지지는 않았고, 문집에 실리지 않은 더 많은 편지는 존재도 별로 알려지지 않았다.

성호의 3대 제자를 꼽으라면 흔히 윤동규, 이병휴, 안정복을 들고, 향산 이만도는 이병휴 대신에 신후담을 들었는데, 우리나라의 문집을 집대성한 한국문집총간 1,200종에 윤동규나 이병휴, 신후담의 문집이 모두 포함되지 않아 연구가 활성화되지 않고 있다. 한 문학 경우에도 대부분 문집이 번역된 뒤에야 연구가 활발해지는 데, 어쩌다 보니 성호학파의 대표적인 학자들 경우에는 국가에서 지원하여 편집한 문집총간에도 포함되지 못하고 소외당해 온 것이 학계의 실정이다.

이 책은 소남의 문집이나 유품을 왜 정리해야 하는지, 그리고 이 유품들이 왜 소남의 고향 인천으로 돌아와야 하는지를 설명하기 위해서 썼다. 평전이라는 용어가 유행하는 시대이지만, 소남의 방대한 문집 가운데 십분의 일도 제대로 읽지 못하고 평전을 쓸 수는 없어서, 이 책에서는 문제만 제기하기로 한다.

역설적인 이야기지만, 그나마 한국고전번역원의 한국문집총간과 한국고전종합DB가 있어서 다른 학자들의 문헌을 활용할 수 있었다. 공개된 자료이기에 각주를 달지 않고 번역문을 사용하였으며, 필요한 경우에는 나름대로 문장을 다듬어 사용하였다.

성호학파의 특징 가운데 하나는 서학이나 천주학을 성호부터 공개적으로 받아들여 연구하였다는 점이다. 제자들의 태도는 안정복이나 신후담같이 적극적으로 비판한 선배들과 권철신, 정약용같이 신앙으로까지 받아들인 후배들로 나뉘어지는데, 소남은 서학책을 긍정적으로 읽으며 학문의 대상으로 검토하였다. 이러한 문제들도 유품이 다 정리되면 하나씩 실마리가 풀릴 것이다. 소남의 종가에는 이들의 문집에 실리지 않은 친필 편지들이 워낙 많기 때문이다.

성호의 아들 이맹휴는 안정복을 처음 만난 자리에서 "윤 장(尹丈)은 주염계(周濂溪)와 정명도(程明道)의 기상을 지니고 있다."고 소남을 소개하였다. "비 개인 뒤의 화창한 바람과 맑은 달 같은 학자"라는 뜻인데, 인상이 그렇다는 뜻이기도 하지만 학문이 그렇다는 뜻이기도 하다. 소남의 경우에는 사람이 바로 학문이었기 때문이다.

당대에 여러 학자들이 선배의 학설을 비판하고 수정하여 새로운 견해를 내세우고 저술하면 제자들이 모여들고 학자로도 이름이 났다. 상복을 몇 년 입어야 하느냐는 견해 차이로 여러 학자들이 목숨을 잃거나 정권이 바뀌기도 하였다. 학술적인 면에서는 나름대로 의미 있는 활동들이었지만, 몇백 년 지난 지금에 와서는 선배와 후배의 견해 차이가 당시처럼 절실하게 느껴지지는 않는다. 오히려 신기한 저술을 하기보다는 성인의 가르침대로 살려고 애썼던 소남의 학자적인 태도가 더 절실하게 다가온다.

그동안 소남의 자료들을 들쳐 보게 해주신 종손 윤형진 선생과 소남의 영정까지 제작하고 문집 번역의 길을 열어 주신 신홍순 남동문화원장께 감사드린다.

내년부터 『소남선생문집』의 번역이 시작되면 2년 뒤에는 학자들이 소남의 학문 세계에 보다 쉽게 접근할 수 있을 것이다. 논문만 쓸 것이 아니라, 소남의 사단칠정론이나 사수변을 비롯한 다양한 학문을 섭렵한 전문가들이 본격적으로 소남 평전을 써서 3년 뒤에 소남 서거 250주년이 되는 2023년이 소남을 재평가하는 해가 되기를 기대한다.

2020년 12월 6일
허경진

차례

머리말 … 5

1장

학문에만 전념한 윤동규의 생애 … 13

13대 살아온 인천의 파평 윤씨 ………………………………… 15

한성부 서학에서 성균관으로 진학하지 않고 학문의 길을 택하다 · 18

학문의 동지였던 형제와 아들들 ………………………………… 27

도남촌 팔촌 아우의 집에서 처음 만난 소남과 순암 …………… 41

시를 잘 지으려 하지 않아도 시인이 되었던 형제들 …………… 50

벼슬 추천도 마다하고 가난하게 살며 학업에 힘쓰다 ………… 62

예를 지키며 준비한 죽음 ………………………………………… 77

후배와 제자들이 회상한 소남 ………………………………… 84

2장

성호 문하에 들어가 학문하다 … 93

비 개인 뒤의 화창한 바람과 맑은 달 같았던 학자 …………… 95

쉽게 얻을 수 없었던 제자 윤동규 …………………………… 102

　1) 늘 함께하였던 제자 ……………………………………… 104

  2) 스승의 학설을 수정케 한 제자 ···································· 112

  3) 성호가 제자들과 토론하며 저술하는 방법을 설명하다 ········· 115

  4) 저술 편집을 부탁받다 ·· 122

소남의 학문세계와 학문태도 ·· 137

  1) 자신을 반성하고 스스로 터득하는 학문 방법 ················· 138

  2) 전방위에 걸친 소남의 글쓰기 ···································· 141

  3) 소남 종가 바깥에 전하는 소남의 문헌 ························ 143

  4) 순암과의 토론을 통해 학문이 진전되다 ······················ 150

생활 속의 예학과 도남촌 공동체 ·· 155

천주교를 긍정적으로 검토하다 ·· 167

  1) 순암이 자주 빌려 가던 소남의 서양책 도서관 ··············· 167

  2) 성호가 권하여 읽기 시작한 서양책들 ························· 172

  3) 소남의 천주교 이해 ·· 181

성호학파 내에서 윤동규의 위상 ··· 187

  1) 안정복이 존경하던 선배 ·· 188

  2) 다산 정약용이 존경하던 선배 ···································· 190

  3) 20세기 초의 학자들까지 존경하던 선배 ······················ 191

3장

인천에서 가장 컸던 도남촌 도서관 ··· 195

삼백 년 역사를 보여주는 수십 권의 책력 ·············· 202

성호의 저술과 관련된 책들 ·············· 205

과거시험 준비용 도서와 시권(試券) 방목(榜目) ·············· 214

정조가 친히 하사한 책들 내사본(內賜本) ·············· 220

「북계도」, 「천하총도」, 「천체도」 등의 다양한 지도 ·············· 230

서양 학문을 연구하며 즐겨 인용하던 책들 ·············· 235

베껴 쓴 책 바구니 ·············· 243

젊은이의 눈으로 자잘한 글씨를 읽고 쓰게 만들어준 안경 ········ 246

엉뚱한 소문을 듣고 만들어진 애일당 초상 ·············· 250

다양한 인천의 근대사 자료들 ·············· 254

4장

인천의 성호학파와 윤동규의 제자들 ··· 261

인천의 성호학파 ·············· 263

윤동규의 제자들 ·············· 269

5장

성호학파의 외연을 끌어들인 인천의 숙제 ··· 281

되찾아와야 할 인천의 문화유산 ·· 284

다시 편집해야 할 『성호전집』 ·· 285

부모가 쓴 글씨 한 장도 버리지 않았던 소남의 후손들 ················ 290

참고문헌 ··· 293

1장

학문에만 전념한

윤동규의 생애

13대 살아온 인천의 파평 윤씨

파평 윤씨의 집안에서 장경왕후와 문정왕후가 나왔는데, 인천 도림동의 파평 윤씨는 문정왕후의 친정아버지로 소윤을 형성한 윤지임(尹之任)의 셋째아들 윤원필(尹元弼)의 후손이다. 그래서 도림동의 파평 윤씨는 윤지임을 파시조로 하는 정평공파(靖平公派)로도 불린다.

현재 도림동 파평 윤씨의 분묘 가운데 가장 연대가 오랜 것은 윤원필의 셋째아들 천안군수 회(繪)의 증손자인 집의(執義, 종3품) 윤상전(尹商銓, 1592~?)의 묘인데, 조선시대 주소로는 남촌 덕동(德洞)에 있다. 도림동에는 지금까지 13대가 살아오고 있으니, 인천에서 보기 드물게 오래된 집성촌이다.

●
인천 도림동에 있는 집의공(윤상전) 묘역

집의공 묘역에 다른 지파에서도 찾아와 참배한다.

　윤상전은 윤동규의 고조부이다. 윤지임이 중종의 장인이 되자 부귀영화가 분에 넘치는 것을 걱정해 "자손 10대에 이르기까지 과거시험에 응시하지 말고, 지아비는 밭을 갈고 지어미는 길쌈을 하라"는 유언을 남겼기에 낙향한 것이라고 한다. 그 가르침을 제대로 지킨 후손이 바로 윤동규이다. 종가에 윤동규의 선대 후대 시권(試券)과 과지(科紙)가 수십 장 남아 있지만 윤동규의 과지만 찾아볼 수 없다.

　윤상전이 인천을 낙향 지역으로 정한 이유는 그의 형 윤상민(尹商民, 1583~1643)이 1620년 12월 13일에 137대 인천도호부사(종3품)로 부임해, 이 지역에 관해 잘 알았기 때문이다. 병자호란의 뒤끝으로 시국이 어수선하자, 윤상전은 1637년에 인천 도림동으로 이사하였다. 이때부터 윤동규의 증조부 충의위(忠義衛) 명겸(鳴謙,

편지 주소에 인천 남촌이 보인다.

1618~1687), 조부 통덕랑(通德郎 정5품) 성수(聖壽, 1656~1708), 부친 생원 취망(就望, 1675~1704)과 윤동규 자신, 그리고 그의 5세손까지 모두 도림동 도리산(桃李山) 아래 모셔졌다.

윤상민의 자손들도 대대로 인천에 거주해, 윤동규의 삼종숙부 취빙(就聘, 1679년 생원시), 취리(就履, 1679년 진사시), 취일(就一, 1723년 생원시), 취함(就咸, 1713년 문과), 사종동생 동벽(東壁, 1754년 진사시) 등이 인천에 거주하면서 과거에 합격하였다.[*] 이 가운데 윤취일은 성호 문하에서 함께 공부한 선배이기도 하다.

윤상전의 자손 가운데는 손자 해수(海壽, 1679년 생원시)가 인천에서 합격했는데, 윤동규의 부친 취망은 1699년 서울에서 생원시

* —— 임학성, 「소남 윤동규가 소장 간찰 자료의 현황」, 『소남 윤동규가 소장 간찰(邵南尹東奎家所藏簡札)』, 인천광역시립박물관, 2009, 134쪽.

3등 27위로 합격했으니, 윤상민 윤상전 형제의 후손들이 인천으로 이주한 뒤에도 서울에 근거지를 남겨두었던 것을 알 수 있다. 그랬기에 윤동규도 말년에는 서울 용산으로 돌아가 생활하였다.

1695년 11월 25일 한성부 용산방에서 태어난 윤동규(尹東奎, 1695~1773)는 자가 유장(幼章)으로, 10세에 아버지가 세상을 떠나자 어머니 덕수 이씨의 교육을 받으며 자랐다. 용산에 살던 윤동규는 1710년대에 인천으로 이주했는데, 이미 증조부 때부터 도림동 일대에 선산과 전장(田莊)이 있었기 때문이다.

성호는 윤동규의 살림이 어려운데도 학문에 전념했다고 기록했지만, 1737년 도림동 도리산 주변의 토지를 구입한 문서가 남아있으며, 손자 신(愼)의 호구단자에 의하면 노비도 적지 않아, 40대 무렵에는 가난한 살림이 아니었다. 증손자 극배(克培, 1777~1839)가 문과에 급제한 뒤 예조정랑에 오르며 가세를 키웠지만, 극배 이후로는 현달한 자손이 나오지 못했다.

한성부 서학에서 성균관으로 진학하지 않고 학문의 길을 택하다

후배 안정복이 지은 윤동규의 행장에 의하면, "겨우 말을 배울 무렵에 주흥사(周興嗣)의 『천자문(千字文)』을 배웠는데, 세로나 가로로 외워도 한 자도 틀리지 않았다."고 한다.

중국이나 일본의 『천자문』에는 이름 그대로 천 자의 한자만 나열되어 있지만, 선조시대부터 우리나라의 『천자문』에는 외우기 쉽도록 대표적인 훈과 음이 함께 실려 있다. 『천자문』을 세로로 외우면 "천지현황(天地玄黃)"이니 "하늘 천, 따 지, 검을 현, 누루 황"이라는 훈과 음을 누구나 외울 수 있고, "하늘은 검푸르고 땅은 누렇다"는 사언시가 되어 기억하기에도 좋다. 그러나 가로로 외우면 "천우일진(天宇日辰)"이니 "하늘 천, 집 우, 날 일, 별 진"이라는 훈과 음의 차례부터 낯설 뿐만 아니라, 운(韻)도 없고 문장도 되지 않는다. 따라서 외우기가 힘들다. 남들이 하지 않는 방법으로

한석봉 『천자문』 첫 장

도전하여 『천자문』을 가로세로 외울 정도로 기억력이 비상하였지만, 과거시험 공부에 도움이 되는 방법은 아니다.

조선시대에는 16세가 된 남자에게 호패(號牌)를 발급하였다. 윤동규의 신분증인 호패에는 네 가지 정보가 기록되어 있다. '서부(西部)'라는 지역은 그가 살던 용산방(龍山坊)이 서부에 속하였음을 알려 준다. '윤동규'라는 이름 아래에는 '을해생(乙亥生)', '서학생(西學生)'이라고 새겨져 있어, 을해년(1695)에 태어나 서학(西學)에 재학하는 학생이라는 뜻이다.

신분이 상승할 때마다 호패의 재질도 달라졌다. 진사시나 생원시에 합격하면 황양목으로 바꿨고, 문과에 급제하면 윤극배처럼 각으로 만들었다. 윤동규는 평생 학생이어서 소목 호패를 그대로

사용하였다.

서학은 한성부에 설치한 관학인 사부학당(四部學堂) 가운데 하나로, 서부(西部)에 거주하는 양반과 서인 자제들의 중등교육을 실시한 학교이다. 초기에는 미륵사라는 절이나 경고(京庫)를 활용하여 교육하였는데, 학생들이 아침저녁 다니기에 몹시 불편하여 1435년에 이르러 서부 여경방(餘慶坊)에 독립학사를 신축하였다. 윤동규는 용산방이 속한 서부에 살았으므로, 서학에 입학하였다.

서학의 위치를 『경성편람(京城便覽)』(1929)에서는 태평통 1정목 60, 61번지(속칭 서학현)라고

서학생 윤동규의 호패

설명하였는데, 이순우 선생이 고증한 바에 의하면 실제로는 62번지, 장례원, 총독부 관사(官舍)를 거쳐 지금은 조선일보 광화문 빌딩과 한국금융사박물관(신한은행 광화문지점)이 서 있는 자리이다.

1411년에 사부학당의 교육제도를 완비하였다. ①성균관으로 하여금 업무를 분담하여 교육하게 하고, 6품관 2원(員)을 교수관(教授官), 7품 이하관 5원을 훈도(訓導)로 임명한다. ②10세 이상된 아동에게 입학을 허가하고, 15세에 이르러 소학(小學)의 공을 이루면 성균관에 진학하게 한다. ③성균관 유생의 정원은 100명인데 만약 그 정원이 비게 되면 예조와 성균관의 관원이 학당에 나아가서 생도들의 실력을 시험하여 그 중 성적이 우수한 자를 성균관에 진학하게 하여 결원을 보충한다. ④학당 생도들의 학과 공부를 권려하는 법은 성균관으로 하여금 다스리게 한다. ⑤학당의 학령(學令)은

성균관의 식(式)에 따른다.

5세가 되면 서당에 가서 『천자문』을 비롯한 기본교육을 받고, 10세가 되면 사부학당에 진학하였으니, 성균관 입학을 위한 예비학교라고 할 수 있다. 서학의 정원은 100명이었으며, 재사(齋舍 기숙사)제도를 마련하여 학비와 운영비를 국가에서 부담하였다. 국가에서는 학생의 교육을 위하여 학전(學田)·노비·잡물 등을 내렸을 뿐만 아니라, 전라북도 연안에 있는 여러 섬들의 어장(漁場)을 주어 그 세(稅)로써 비용을 충당하게 하였다.

윤동규가 어린 시절 서학에서 어떻게 공부하였는지, 자세한 기록은 없다. 후배 안정복이 지은 「소남선생 윤공 행장」에서 두 가지 모습을 알 수 있을 뿐이다.

> 9세에 선고(先考)를 여의었는데, 이 부인(李夫人)이 올바른 도리로 가르치고 길러 몇 해가 지나지 않아 문리(文理)가 갑자기 진취되었다.
> 일찍이 종조부의 집에서 『퇴계집(退溪集)』을 보고 매우 좋아하여 여러 번 읽어보며 차마 손에서 놓지 못하자, 종조부가 기이하게 여겨 마침내 원질(原帙)을 주었다. 학문의 기초가 어렸을 때에 벌써 정해졌던 것이다.

서학에 다닐 무렵에 문리가 터져 『퇴계집』을 읽어보고는 손에서 놓지 못하였다는 것인데, 종조부의 이름이 밝혀져 있지 않지만, 1679년 인천에서 생원시에 합격한 윤해수인 듯하다. 한참 기본 경전인 사서오경과 과거시험 공부에만 관심을 가질 나이에 시험과

거리가 먼『퇴계집』에 심취한 모습을 보고 안정복은 "학문의 기초가 어렸을 때에 벌써 정해졌다."고 평하였다.

사부학당의 제도가 차츰 느슨해져 양반과 서인의 자제로서 8세가 되면 입학을 허락하여『소학』과 사서오경을 위주로 교수하였으며,『근사록(近思錄)』과 여러 역사서도 다루었다. 15세가 되어 승보시(陞補試)에 합격하면 성균관에 진학시켰다. 진사시나 생원시에 합격한 것과 같은 자격을 준 것이다.

그러나 윤동규는 성균관에 진학하여 문과에 응시하는 길을 택하지 않고, 아직 이름도 알려지지 않은 성호 문하에 찾아가 벼슬과 거리가 먼 학문의 길을 택하였다. 학생부군(學生府君)이라는 표현 그대로, 영원한 학생의 길을 택한 것이다.

성호가 세상을 떠났을 때에 69세였던 윤동규도 병으로 누워 있었으므로, 제문을 지어서 손자 신(愼)에게 들려 보내어 곡하게 하였는데, 그 제문에서 자신이 성호를 처음 찾아뵌 날을 이렇게 기록하였다.

> 불민한 소자는 순수(醇叟)의 이름을 지은 첫돌에 기린아(麒麟兒)가 되기를 축원하는 빈객으로 가는 은혜를 입고 말석에서 스승으로 섬기게 되었습니다. 모신 50년 동안 의심이 있으면 질정하고 질정하면 (가르침을) 얻었으며, 인도해 주시고 걱정해 주신 것이 삼생(三生)과 똑같으셨습니다.

순수(醇叟)는 성호의 맏아들인 이맹휴(李孟休, 1713~1751)의 자이다. 기린아(麒麟兒)가 되기를 축원하는 빈객은 돌잔치에 초대받은

邵南公遺稿抄

祭星湖先生文 癸未

維歲癸未十二月十七日我星湖李先生易簀之時門人尹東
奎范不能與扵持體屬纊之際又不能達扵含礷殮殯之間聞
訃哭癭之越五日甲辰敬使孫生之具不辭之文怢質
于下堂之側而哭拜以送之曰慟矣我先生志豪而氣逸
而慈詳高朗疏通酒落烟潔若氷壺秋月溫潤愉樂若春風和
氣雖不拘扵小節而大意自明雖不多扵辦朸而攊人甚易其
未得之也憤發㷀烟昒昧其已得之也樂而忘憂不知老之將至地
負海涵鼇縡絲牛毛靡所不究學賸固之中氣註一定之外開
出新意發前人未發深造自得使人不得不是則惟小子五十
年來願學而斯不能肎也如擧其大者而言則四七之辯堂堂
之論中庸十章之旨孟子井田之割命訖正湖之考雖質諸程

윤동규가 성호의 영전에 지어 바친 제문. 성호 집안에서 편집한 『소남공유고초(邵南公遺稿抄)』에 실려 있다. (국립중앙도서관 소장)

손님을 뜻한다. 당나라 시인 유우석(劉禹錫)이 과거에 응시하러 가는 동년우(同年友)의 아들 장관(張盥)을 전송하면서 준 시에, "자네 태어나 대문에 활이 걸렸을 때 내가 손님으로 갔다네. 수저를 당겨 탕과 떡을 들면서 기린아로 커 주기를 축원했었지.[爾生始懸弧, 我作座上賓. 引箸舉湯餅, 祝詞天麒麟.]"라고 한 데에서 온 말이다.

성호가 소남 자신에게 삼생(三生)과 똑같았다는 말은 먹여 주는 임금, 가르쳐 주는 스승, 길러 주는 부모의 역할을 다하였다는 뜻이다. 이 말은 『국어(國語)』「진어(晉語)」에, "사람은 세 분 덕에 사니, 이들을 섬기기를 한결같이 하여야 한다. 아버지는 나를 낳아

주시고, 스승은 나를 가르쳐 주시고, 임금은 나를 먹여 주셨으니,
아버지가 아니면 태어나지 못하고 임금이 먹여 주지 않으면 자라
지 못하고, 스승이 가르쳐 주지 않으면 알지 못하니 낳아 주신 것
과 똑같다.[民生於三, 事之如一, 父生之, 師敎之, 君食之, 非父不生, 非食
不長, 非敎不知, 生之族也.]"라고 한 데서 왔다. 소남은 어려서 부친
을 여의고 벼슬길에 나아가지도 않았으므로, 성호가 자신에게는
삼생과 같았다고 고백한 것이다.

소남은 18세 되던 1712년에 성호에게 나아가 배우고는, 대부분
의 양반 자제들이 평생 힘쓰던 과거 공부를 그만두었다. 이맹휴의
돌잔치를 하던 1714년, 즉 20세에는 이미 돌잔치에 초청받을 정도
로 가까운 제자가 되었다. 서울의 용산방(龍山坊)에서 인천의 도남

●
윤동규가 선조의 생신과 기일 일람을 만들면서 외조부 다음에 성호 선생의 생신과 기일을 적
어 놓은 것만 보아도 부모와 같이 모셨음을 알 수 있다.

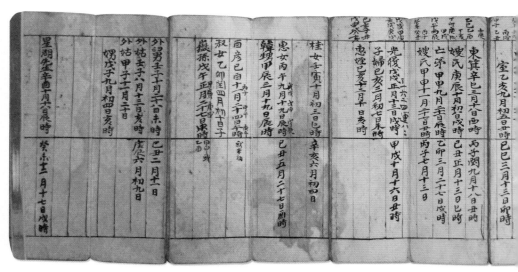

촌(道南村)으로 이사하여 날마다 책을 읽고 이치를 궁구하면서 다른 즐거움을 몰랐다. 벼슬에 관심이 없어지다 보니 굳이 서울에 살 필요가 없어, 선산과 농장이 있는 데다 안산에서도 가까운 인천으로 내려온 것이다.

과거시험 공부를 하기에는 여러 가지로 서울이 좋았다. 지방의 향교와 서울의 사학은 학생들 수준이 달랐고, 교수의 수준도 달랐다. 명문자제들이 모이다 보니 어릴 적 학교 친구가 평생 벼슬길에 도와주고 끌어주는 친구가 되기도 했고, 과거시험에 관한 정보도 빨리 얻을 수 있었다. 그래서 다산도 유배지에서 아들에게 편지를 보내어 "서울을 떠나지 말라"고 당부하였다.

소남의 아버지 윤취망도 인천에 집이 있었지만, 한성부 서학생이었으며, 생원시에 합격하여 받은 『사마방목』에는 "서울에 산다[居京]"고 기록되어 있다. 서울에서 생원시에 응시하여 합격했다는 뜻이다. 손자 윤신의 호구단자에도 인천에 사는 노(奴) 일득(一得), 비(婢) 오정(五丁) 등의 이름이 기록되어 생업 근거지는 여전히 인천의 농장이었지만, 자신은 서울에 살면서 여러 차례 시험에 응시하여 좋은 성적을

아버지 윤취망의 사마방목

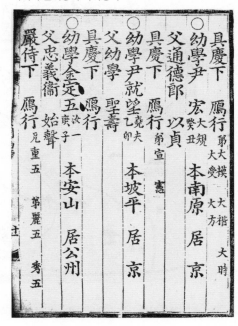

냈다.

윤동규의 선대와 후대를 살펴보면 다들 열심히 공부했음을 알
수 있지만, 시험공부가 아니라 학문 자체를 즐겨서 공부한 사람은
윤동규뿐이었다. 그는 이때부터 호를 소남촌인(邵南村人), 또는 소
남(邵南)이라고 했으니, 인천의 옛이름 소성(邵城)과 도남촌을 합하
여 만든 호이다. 도남촌은 제물포에서 서울로 가는 길의 남쪽에 있
는 마을이라는 뜻인데 지금의 인천광역시 도림동이다.

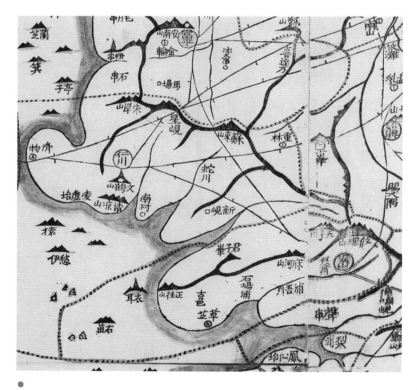

인천에서 서울 가는 길과 안산 가는 길이 갈라지는 지점 아래 바닷가에 남촌이 있다. 대동여지도

학문의 동지였던 형제와 아들들

소남은 할머니 한 씨(韓氏)와 어머니 이 씨를 효성껏 봉양하였는데, 어머니가 엄격하게 가르쳤다. 소남의 3형제가 모두 성호에게 나아가 배웠는데, 막내아우 동진이 불행하게도 32세 되던 1735년에 죽었으므로 소남이 평생 슬퍼하였다.

기대를 걸었던 맏아들 광로(光魯)까지 1754년에 37세 나이로 세상을 떠나자, 소남이 학문을 이루지 못하고 죽은 아들의 생애를 후대에 전하기 위해 「장자행장(長子行狀)」을 지었다.

> 동규의 맏아들 광로의 자는 증백(曾伯)이니, 나의 선부군(先府君) 성균 생원(生員) 휘 취망(就望)의 맏손자이다. 그 아비가 통덕랑 이제인(李齊寅)의 딸에게 장가들어 살림을 차렸는데, 무술년(1718) 정월 13일에 동대문 밖 영미정(永美亭)에서 광로를 낳았으니 외조부 이공의 옛집이다.

소남이 마침 『논어』를 읽고 있다가 아들이 태어났다는 소식을 듣고, 어릴 적 이름을 노언(魯彦)이라고 지었으며, 나중에 돌림자 광(光)을 넣어서 광로(光魯)라고 이름을 지어 기쁜 마음을 나타냈다. 스승 성호가 『맹자』를 읽다가 아들을 낳았으므로 어릴 적에는 맹(孟)이라 부르다가, 나중에 돌림자 휴(休)를 넣어서 맹휴(孟休)라고 지은 것과 같은 뜻이다.

광로는 태어나면서부터 잘 생겨서 외증조모가 사랑했으며, 조모도 늘 껴안고 어루만지며 "이 아이가 우리 집안을 일으킬 것이

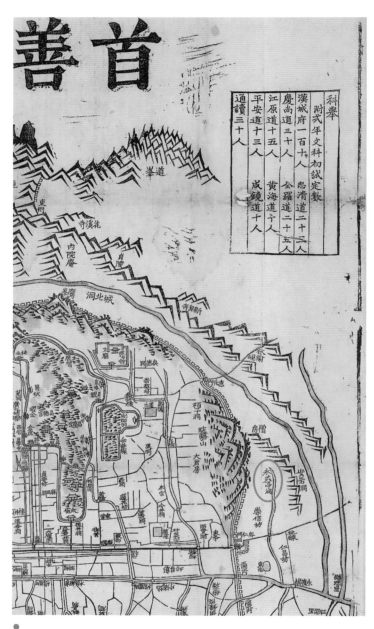

오른쪽 아래 흥인문을 나서면 안암동 못미처에 바로 영미정 동네가 있다.

다" 하고 기대하였다. 아직 말을 배우기도 전에 늘 손에 책을 쥐고 읽으며 옹알거려, 사람들이 기특하게 여겼다.

13세부터 글을 잘 짓더니 20세에 문장이 크게 이루어져 향시(鄕試)나 향교(鄕校)에서 이름났다. 성호의 생신에 서(序)를 지어 축하하자, 성호가 기특하게 여기며 "이 아이의 문장이 이미 훌륭하구나." 하고 축하하였다. 도회소(都會所)에서 시험을 치를 때에 처음에 장원하여 이름이 널리 알려졌다. 도회소는 각도의 감사(監司)가 관내의 유생을 대상으로 시행하는 소과(小科) 초시(初試)인 공도회(公都會)를 여는 곳이다. 공도회는 보통 6개월마다 교생(校生)을 선

●
아들 윤신이 편집한 윤광로의 유고집 『선고(先稿)』. 첫 장에 "을축년(1745) 도회. 삼상(三上) 장원. 구윤명 심사"라고 밝혔으니, 28세에 지은 과부(科賦)이다.

발하여 한곳에 모아 놓고 문관(文官) 3원을 파견하여 강론(講論)이나 제술(製述) 등을 실시한 뒤에 성적이 우수한 자를 선발하여 복시(覆試)에 응시할 자격을 부여하였다.

인천에 살던 광로가 장원하였다는 공도회는 1745년 경기감영(京畿監營)에서 시행되었는데, 사헌부 지평(持平 정5품) 구윤명(具允明)이 시험을 주관하고, 「감송소금사(感送蕭琴士)」라는 제목을 출제하여 부(賦)를 짓게 하였다. 광로가 이 시험에서 삼상(三上)의 높은 성적으로 장원하여 유명해졌다. 경기도 공도회에서는 제술(製述 글짓기) 합격자 3명을 이듬해 진사(進士) 복시(覆試 2차 시험)에 응시할 자격을 주었다.

> 「의난조」가 슬픈 가운데 한 해가 저무니
> 구름 낀 골짜기에도 저녁이 펼쳐지네.
> 蘭操黯而歲晏、須雲谷以夕張。

라는 암울한 구절로 시작되는 이 부(賦)는 육언(六言)의 산문시로, 송나라 성리학자 진덕수(陳德秀)의 『서산문집(西山文集)』에 실려 있는 「소장부에게 지어주는 서[贈蕭長夫序]」를 제목으로 삼은 작품이다. 과거시험 응시생들이 주로 읽어보는 『사문유취(事文類聚)』에는 「금사 소장부를 보내면서 지어주는 서[送琴士蕭長夫序]」라는 제목으로도 실려 있어, 예상문제 가운데 하나이다.

삼산(三山) 소장부(蕭丈夫)라는 사람은 거문고의 명인인데, 진덕수와 주자의 문하에서 같이 있었다. 진덕수가 지어준 서(序)는 "지금은 전아한 옛 음을 연주하는 사람이 없는데, 이 소장부가 홀로

행장 첫 장에 본관과 부모, 조부모, 증조 부모의 이름이 실려 있다.

소남이 지은 윤광로 행장 표지에는 『가장(家狀)』이라고 쓰여 있다.

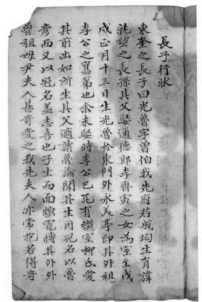

권수제는 『장자행장(長子行狀)』으로 되어 있다.

이 옛 음을 지키고 변하지 않았다"고 격려하는 내용이다. 서가 끝나는 부분에 진덕수가 소장부와 술 마시며 지어준 시가 실려 있다.

구윤명이 공도회 응시자들에게 이 문제를 출제한 의도는 "진덕수의 입장에서 소장부(蕭琴士)를 보내며 느낀 감흥을 대신 풀어보라"는 것이다. 광로가 오백 년 전 진덕수가 되어 제출한 답안지가 구윤명의 마음에 들어 삼상(三上) 장원에 합격하였지만, 그 다음에는 고관(考官)이 사심을 가지고 차점으로 합격시켰다고 한다.

광로는 글을 읽을 때에 세밀하게 공들이지 않고도 큰 뜻을 파악하여 기대가 컸다. 그러나 아내가 먼저 세상을 떠나자 소남이 아들 부부에게 살림을 맡겨 생계를 유지하느라 고생하다가 1753년에 산증(疝症)이 시작되었으며, 이듬해 용산에서 세상을 떠났다.

장례는 인천 선영에서 치렀는데, 염할 때에는 옷을 빨아서 입히고 관에는 칠하지 않았으며, 매장할 때에도 관을 닦는 공포(功布)와 삽선(翣扇) 등의 제구를 사용하지 않았다. 반혼(返魂)할 때에도 곡비(哭婢)를 쓰지 않아, 허식보다는 생활수준에 맞게 상례(喪禮)를 지켰다. 광로의 자녀들이 아직 어려서 나중에라도 아비의 평생을 알게 하려고 소남이 행장을 지어 주었다.

소남의 큰동생 동기(東箕, 1701~1756)는 어려서부터 형을 따라 성호를 찾아가 배웠다. 15세 되던 1715년에 관례를 치르게 되자 성호가 원명(源明)이라는 자를 지어주었다.

성호는 기(箕)라는 이름자에서 원명이라는 자를 만들어내는 과정을 설명하는 「윤동기자원명설(尹東箕字源明說)」도 지어 주었다.

윤씨 집안의 자제인 동기는 아직 약관의 나이가 못 되었는데,

사방으로 유학할 뜻을 가지고 있다. 그가 나를 따라 배우며, 자신의 자(字)를 지어 줄 것을 청하였다.

내가 생각건대, 기(箕)는 동방의 창룡칠수(蒼龍七宿) 가운데 하나이니, 실제로 우리나라의 지경(地境)에 해당한다. 천문을 관측하는 사람들이 추보(推步)하여 그 명암을 점쳐 보니, 징험이 있었다고 한다. 동방의 우리나라는 기주(箕疇)로 인하여 비로소 드러났는데, 위로는 천문에 호응하고 아래로는 인륜을 서술하여 시대의 성쇠를 거친 뒤에도 8조(條)의 여서(餘緖)에 찬란하게 남아 있었으니, 이것이 이른바 "사이에게 가서 배운다.[學在四夷]"라는 것이다. 이것은 태사(太師)의 도가 중화에서는 사라졌지만 다행히 동방의 사람들에게 전해진 것이니, 어찌 하늘의 뜻이 깃든 바가 아니겠는가.

『주역』을 상고해 보니, 〈명이괘(明夷卦) 육오(六五)〉에 "기자가 스스로 자신의 밝음을 감추는 것이니, 정한 것이 이롭다.[箕子之明夷 利貞]"라고 하였는데, 공자가 전(傳)을 달기를 "기자의 정함은 밝음이 종식될 수 없는 것이다.[箕子之貞, 明不可息也]"하였다. 이러한 밝음이 하늘에 있으면 '이(理)'라고 하고 사람에게 있으면 '성(性)'이라고 하니, 하늘이 사람에게 명하여 하늘과 꼭 합치되게 한다. 그러므로 성을 알면 하늘을 알 수가 있는 것이다. (줄임)

늘어선 별자리가 형상을 드리운 것은 하늘의 문장이 밝은 것이고, 훌륭한 철인(哲人)을 낳은 것은 사람의 덕이 밝은 것이며, 자신의 선(善)을 미루어 남까지 선하게 하는 것은 세상을 다스림이 밝은 것이다. (줄임) 성은 바로 자기에게 있는 것인데, 밝히지 못한다면 극복하는 방법이 있으니, 『주역』에 이른바 "쉬지 않는다[不息]"라고 한 것이 바로 그 표준이다. 이에 그대의 자를 '원명(源明)'이라고 짓는 것이 좋겠다. 그대는 면려할지어다. 을미년(1715) 늦봄에 짓다.

소남의 3형제 이름은 모두 28수(宿)의 별 이름에서 가져왔다. 동규의 규(奎)는 서쪽에 있는 백호칠수(白虎七宿) 가운데 하나이고, 동기의 기(箕)는 동쪽에 있는 창룡칠수(蒼龍七宿) 가운데 하나이며, 동진의 진(軫)은 북쪽에 있는 주작칠수(朱雀七宿) 가운데 하나이다.

동기(東箕)라는 이름을 동방의 기성이라 풀고, 중국에서 사라진 기자8조(箕子八條)가 우리나라에 전해졌으니 문장을 밝히고 덕을 밝히며 다스림을 밝히기 위해서 쉬지 말고 학문과 수양에 힘쓰라고 '원명(源明)'이라 자를 지어주며 당부하였다.

이제부터는 어른으로 인정한다는 자를 지어 주었으니, 윤동기는 성호 문하에서 다시 태어난 셈이다.

작은동생 윤동진(1704~1735)의 자는 복춘(復春), 호는 관어처사(觀於處士)이다. 성호가 지어준 묘갈명에 의하면, "몸이 너무 약해 어머니가 어린 나이부터 공부를 시키지 않아 12세가 되어서야 처음 『소학』을 읽었다"고 한다. 그는 안산 성호의 집에 머물며 스승의 저술 가운데 잘못된 부분들을 검토 수정해 주기도 했는데, 성호가 인천 집으로 돌아가는 윤동진에게 고마워하며 「윤복춘을 전송하는 서[送尹復春序]」를 지어 주었다.

내가 예서(禮書)를 지은 것은 대개 복춘(復春)의 도움이 있었기 때문이다. 내가 점점 늙어 가면서 정신과 생각이 미치지 못함을 깊이 깨달았으니, 좋은 벗이 오류를 끄집어내 주어야 비로소 이해하게 되었다. 그러므로 무릇 글을 쓰게 될 때면 아련히 그리워하지 않은 적이 없었다.

일전에 복춘이 또 와서 함께 유숙하며 지적하고 토론하여 더욱 새로운 지식이 감발되었다. 덕분에 내 책이 조금 완비되어 무용지물이 되지 않을 것을 기대할 수 있었다. 그가 돌아갈 때에 거듭 말해 주었다.

"예는 성인의 유교(遺敎)로 사람을 사람답게 해 주는 것이다. 천하에 하루도 이것이 없으면 안 되고, 한 가지 일도 이것과 어긋나서는 안 된다. 생각해보니 그 중요함이 이와 같다. 오늘날 세상이 혼몽하여 선왕이 아름답게 꾸민 도리를 찾을 곳이 없게 되었는데, 유독 동쪽 구석의 한 작은 땅에서 의관이나 옛 풍속을 보존하였다. 우리들은 다행히도 제학(鯷壑) 밖(해동)에서 태어나 기왕(箕王 기자)이 남긴 은택을 입어 하늘의 질서가 있음을 알게 되었으니, 두세 동지들과 더불어 담화하고 실행하면서 스스로 만족하게 여겼다. 그렇다면 또한 일맥이 보존되어 면면히 이어져서 사라지지 않는 것이 아니겠느냐. 비유하자면 백 길 되는 낭떠러지에 사람들이 넘어져서 떨어지려고 하는데, 손에 단지 새끼줄 하나뿐이어서 끌어당겨 보지만 잘 올라오지 못하고 있는 것과 같다. 아! 어찌 하늘의 뜻이 아니겠느냐."

나는 이미 미치지 못하니, 젊고 기력이 왕성한 복춘에게 내심 기대하고 있다. 힘쓰고 힘쓸지어다.

그러나 이토록 기대를 걸었던 그가 32세에 세상을 떠나자, 성호가 만시(挽詩)와 제문을 지어 가지고 인천 남촌에 살던 윤동진의 집까지 찾아와 곡했다.

슬프다, 복춘(復春)이여! 그대는 나보다 23년 늦게 태어나 서른두 살의 나이로 세상을 떠났으니, 나는 아직 살아 있건만 그대 벌써 귀신이 되었단 말인가.

그대가 학문에 뜻을 두고 내게 와서 배웠는데, 10년 이전에는 내가 그대에게 학문을 가르쳤지만 10년 이후로는 그대가 실로 나의 스승 노릇을 하였다. 그대가 나에게 배운 것은 구두(句讀)를 떼는 것뿐이었지만, 그대가 나의 스승이 된 것은 내가 그 인품을 배울 수 있었기 때문이다. 공손하고 화락하여 꺼내는 말마다 이치에 맞았으며, 일찌감치 과거 공부를 포기하고 유학에 전심하였다. 경전을 강론할 때는 반드시 요점을 파악하였고, 예법을 논할 때는 반드시 그 근원까지 파고들었다. 게다가 부모에 대한 효성과 형제간의 우애가 고을에 널리 알려졌으니, 아름다운 자질을 갖춘 사람이라 하겠다.

내가 어느새 노경에 접어들어 한 치 앞으로 나가기 전에 한 자나 물러나는 지경이 되었는데, 그대의 글을 읽어 보고는 절실히 반성하게 되었다. 곁에다 두고서 마치 뼈에다 침을 놓아 아픈 몸을 수습하듯 오로지 그대에게 크게 의존하고 있었는데, 이제는 그것도 끝이로구나.

안타깝게도 그대는 부모상을 치르면서 너무 슬퍼한 나머지 병이 생겼는데, 사람들은 그때 이미 고칠 수 없음을 염려했으나 그대는 몸이 위태한 줄도 깨닫지 못했다. 거듭 초상을 치르게 되자 잠시 나았던 병이 다시 심해지고 건강이 아주 악화되어, 약을 써도 효험이 없는 지경이 되고 말았으니 이를 어찌하겠는 가. 그대가 병을 앓는다는 소식을 듣고 많이 걱정하였지만 그래도 이렇게 갑작스레 세상을 떠날 줄은 생각하지 못하고 자질구레한 일들에 얽매여 미처 가 보지도 못하였다.

숨을 거두면서 나에 대한 연연한 마음을 표현했다 하는데 나는 이조차도 까마득히 모르고 끝내 영결하지 못하였으니, 그대가 혹 기다려 주었다 하더라도 나는 그대의 마음을 저버린 사람이 되었을 것이다.

아! 늙고 병든 내가 죽지 않고 이렇게 벗을 곡하러 왔으니, 보잘것없는 음식이나마 부디 내려와 흠향하시게.

- 「윤복춘에 대한 제문[祭尹復春文]」

"그대가 학문에 뜻을 두고 내게 와서 배웠는데, 10년 이전에는 내가 그대에게 학문을 가르쳤지만 10년 이후로는 그대가 실로 나의 스승 노릇을 하였다."는 말은 스승이 제자에 대한 최대의 찬사이다. 당나라 문장가 한유(韓愈)는 「사설(師說)」에서 "저 어린아이의 스승은 책으로 가르치면서 구두 떼는 법이나 익히게 하는 자이다[彼童子之師, 授之書而習其句讀者]. 내가 말하는 '도를 전하고 의혹을 풀어주는 사람'은 아니다[非吾所謂傳其道解其惑者也]."라고 하였다. "나보다 뒤에 태어났어도 그의 도를 들어보니 또한 나를 앞섰다면, 나는 그를 스승으로 따를 것이다[生乎吾後, 其聞道也亦先乎吾, 吾從而師之]." 하였으니, 성호가 윤동진을 스승이라고 한 것도 바로

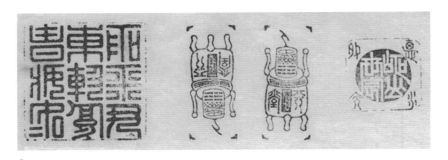

윤동진이 사용하였던 도장

이러한 마음에서였다.

소남이 묘갈명을 부탁하자 성호가 "속학(俗學)의 오류를 답습하지 않고 스스로 발명한 바가 많았다. 시간이 있으면 천문(天文)·관측(觀測)·산수(算數) 등을 연구했는데 왕왕 정묘한 경지를 터득했고, 손수 나무를 깎아 천문관측기(天文觀測器)를 만들었다"고 지어주었다. 동진도 형 소남처럼 성리학을 넘어선 실학에 관심을 가졌던 것이다.

동진은 임종하면서 "죽고 사는 것은 명이다. 그러나 배움에 뜻을 두고도 이루지 못하고, 집을 떠나 살아서 바르게 생을 제대로 마치지 못하며, 사우(師友)들이 별로 없어 더불어 영결할 이가 없으니, 이것이 나의 한이다"라고 아쉬움을 토로할 정도로 학문에 집념이 강했다.

제자 윤동진을 문상하고 돌아간 성호는 소남의 건강이 궁금하였다. 윤동진이 거듭된 상을 지키다가 병이 들어 세상을 떠난 것처럼, 소남도 너무 슬피 지내다가 병이 들 것을 염려한 것이다. 마침 소남이 편지를 보내오자 곧바로 답장을 썼다.

소식이 오랫동안 끊겼기에 막 인편을 통해 편지를 보내려 하였는데, 뜻하지 않게 심부름꾼을 통해 안부를 물어 왔습니다. 상중(喪中)에 쓴 그대의 편지를 읽어 보고 비록 위안이 되기는 하였으나, 또 원명(源明 동기)의 편지를 읽고 나서는 그대의 질병이 끊이지 않아 너무도 걱정됩니다. 거듭된 상을 지키려면 엄연한 상복을 어찌 그렇게 하지 않을 수 있겠습니까마는, 애통해하되 몸이 위태로워지게 해서는 안 됩니다. 몸이 없으면 후사가 없기 때문입니다. 게다가 복춘(復春 동진)의 전철을 따를 수 있겠습니까. 늙어 가는 나이에는 목숨을 보존하여 효를 마칠 것도 생각하지 않아서는 안 됩니다. 붕우 간의 말석에 끼어 있는 입장에서 그립고 근심되는 마음을 어찌 형언할 수 있겠습니까.

나는 지난번에 잠깐 조문을 갔다가 잠시 머물 겨를도 없었으니, 죽은 사람을 떠나보내는 것만 슬펐던 것이 아니라 살아 있는 사람과 이별하는 것도 참으로 괴로웠습니다. 돌아오는 길에 시 한 수를 지었는데 다음과 같습니다.

세상에 여한 없는 일이야 없지만
학문 못 이루고 죽는 게 제일 한스럽네.
십수 년 동안 쌓아 오던 학업이
티끌처럼 흩어지니 뭐라 이름하겠나.
世間無事無遺恨、未若身亡學未成。
十數年來多少業、一塵吹散果何名。

말에 심정을 드러내긴 하였으나 감히 귀를 번거롭게 하였을 뿐입니다. 고루하고 배움도 늦었던 나는 사우(師友)의 도움을 전혀 받지 못하고 오직 그대 형제들만을 의지하고 있었는데, 복춘을 잃고 난 뒤로는 더욱 어찌할 바를 모르겠습니다. 그의 묘지명을 지어 아직 드러내지 못한 그의 덕업을 밝히는 것이 참으로 나의 뜻입니다. 지금 행록(行錄)을 보니 안타까움이 더합니다. 그는 평소의 기상이 참으로 훌륭하여 조용하고 화평한 자세를 유지하며 감정을 드러내지 않았지만 사람들은 그를 경외하였습니다. 내가 늘 그의 이런 점을 탄복하였는데, 지금 어찌하여야 다시 이런 모습을 볼 수 있겠습니까. (줄임)

　나는 버티는 것만도 다행인데, 근래에 또 도둑을 맞아 옷 보따리와 집기들이 아무것도 남지 않았습니다. 가난한 집의 생활에서 매번 불편함과 부족함을 느끼고 있으니, 이 또한 우스운 일입니다.

　이 편지는 제문과 달리 살아있는 제자 소남의 건강을 염려해서 보냈다. "죽은 사람을 떠나보내는 것만 슬펐던 것이 아니라 살아 있는 사람과 이별하는 것도 참으로 괴로워서 돌아오는 길에 시 한 수를 지었다"고 했으니, 『성호전집』권3에는 이 시가 「윤복춘 동진을 애도하며[悼尹復春 東軫]」라는 제목으로 실려 있지만 실제로는 소남을 위로하기 위해서 지은 시이다.

도남촌 팔촌 아우의 집에서
처음 만난 소남과 순암

소남의 인생에서 성호와 아들 동생 다음으로 큰 영향을 끼치고 평생 의지하였던 인물이 바로 순암 안정복이다. 순암은 소남보다 나이도 17년 어렸지만, 성호 문하에 입문한 지는 30여 년 늦었다. 그래서 순암이 성호를 처음 찾아갔을 때에 성호가 맏제자 소남 이야기를 많이 하였고, 안정복은 이 선배를 만나고 싶어했다.

마침 1746년에 안정복의 아들 경증이 인천 도남촌에 사는 윤동열의 딸에게 장가들게 되자, 혼인 잔치 자리에서 처음 인사를 나누었다. 그 이듬해에 16세 된 아들 경증을 소남에게 보내어 글을 배우게 하면서 첫 편지를 들려 보냈다.

> 지난 겨울에 처음으로 성호(星湖) 선생을 뵈었을 때 말씀 도중 우리 장시(丈侍)에 대한 말씀을 계속 하시기에 한번 뵈옵고 싶었으나 도무지 길이 없어 아쉬워하던 중, 지난번 혼인 관계로 다행히 뵙게 되니 너무도 위안이 되고 다행스러웠습니다. 다만 돌아올 길이 촉박해서 평소의 의심이 다 풀리도록 가르침을 온전히 받지 못했기에 지금껏 그립고 서운한 마음이 쌓였는데, 인편에 요즘 기후 만안하시고 덕이 꾸준히 진전되심을 알고 나니 그런 위안이 없습니다.

안정복의 문집인 『순암집』은 권1 시, 권2 성호에게 보낸 편지, 권3 소남에게 보낸 편지 순으로 편집되어 있는데, 소남에게 보낸

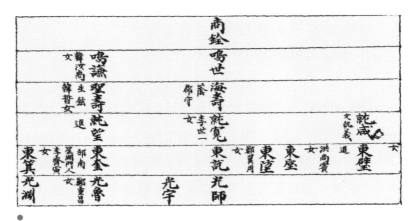

『남보』파평 윤씨 항목에 동규(소남) 오른쪽에 동열(東說)이 보이고, 가장 오른쪽에 인천에서
진사에 합격한 동벽이 보인다. 동벽의 부친은 문과에 급제한 취함이다.

편지 가운데 이 편지가 첫 번째로 실려 있다. 이 편지를 가져온 인
편은 아들 경증이다.

안정복의 사돈이 된 윤동열(尹東說, 1698~1776)은 소남의 고조
부인 윤상전(尹商銓)의 종손이어서 소남에게는 팔촌 동생이 된다.
남인의 대표적인 문중을 소개한 『남보(南譜)』에 보면 동규(東奎) 바
로 오른쪽에 동열(東說)이 보인다. 경증이 도남촌 윤씨 집안에 장가
들면서 소남과 순암은 성호 문하의 선후배일 뿐만 아니라 가까운
사돈이 되었다.

순암이 도남촌 윤씨네 마을에서 데려온 며느리는 안타깝게도
오래 살지 못하고, 20년 뒤에 순암보다 먼저 세상을 떠났다. 순암
이 슬픔을 이기지 못하고 묘지명을 지어 주었다.

자부 윤씨 광명(子婦尹氏壙銘) 정해년(1767)

이는 안씨(安氏) 집안의 며느리인 공인(恭人) 파평 윤씨(坡平尹

氏)의 무덤이다.

아버지는 동열이고, 어머니는 이씨이다.

남편은 경증이니, 진사에 올랐지.

네 딸은 어리고, 한 아들 외롭구나.

무신년에 태어나, 정해년에 마치고,

덕곡에 안장하니, 계좌의 언덕일세.

성품이 부지런하고 검소했건만, 수명을 오래 누리지 못했네.

시아비 정복이, 애통한 마음으로 명을 새긴다.

父東說、妣李氏。

夫景曾、登進士。

四女稚、一子子。

戊申生、丁亥沒。

葬德谷、癸坐原。

性勤儉、壽不延。

舅鼎福、痛而鐫。

공인(恭人)은 5품직 문무관의 아내에게 주는 칭호이다. 남편 경증이 1762년 생원시에 합격했지만, 순암이 벼슬하러 다니는 동안 집안살림을 꾸리다가 병이 들어 순암보다 일찍 세상을 떠났으므로 관직에 나아갈 기회가 없었다. 그래서 순암이 아들의 묘에는 「죽은 아들 성균생원 묘지명[亡子成均生員墓誌銘]」을 지어 주었다. 무슨 사연으로 공인이라 썼는지는 알 수 없다.

순암은 경증이 도남촌에 장가든 인연으로, 소남에게 보내어 학문을 배우게 하였다. 소남의 인품을 배우게 한 것이다. 순암이 소남에게 보낸 편지에 그러한 사연이 실려 있다.

　　자식 놈이 처가의 부름을 받아 가기에 문하(門下)에 가서 배
알하게 했었는데, 일과(日課)를 정해 주어 강석의 끝에 참여하여
가르침을 받게 해 주셨으니 그 얼마나 감사하고 다행한지 모르
겠습니다.
　　이 아이가 타고난 바탕이 게을러서 떨치고 일어날 가망이라
고는 전혀 없어 보이니, 그것이 큰 걱정이랍니다. 교수(敎授)하
는 일이야 물론 집사(執事)에게 희망을 걸고 있지만 가르침을
용감히 받아들이는 것은 전적으로 본인에게 달려 있으니, 본인
이 만약 믿고서 받들어 행하지 않고 게으른 습성을 고치지 않는
다면 어찌하겠습니까. 자식 놈의 아둔한 기질을 변화시켜 주시
기를 엎드려 바라는 바입니다.

　　"이 아이가 타고난 바탕이 게을러서 떨치고 일어날 가망이라고
는 전혀 없어 보이니, 그것이 큰 걱정"이라고 했지만, 실제로 경증
은 어려서부터 똑똑한 아이여서 순암의 자랑이었다. 아들이 자신
보다 먼저 1791년에 세상을 떠나자 「죽은 아들 성균생원 묘지명[亡
子成均生員墓誌銘] 병서(幷序)」를 지었는데, 첫 단락을 이렇게 시작
하였다.

　　광주 후인 광성군(廣城君) 안정복에게 한 아들 경증(景曾)이
있는데 자는 노수(魯叟)이다.
　　어려서 명특하고 남다르게 똑똑하여 겨우 말을 배우면서 천

여 글자를 해득했다. 어른이 시험해 보니 글자를 따라 손가락으로 가리키는데 손이 민첩하기가 마치 나는 것 같아서 사람들이 모두 기이하게 여겼다. 6세에 배우기 시작하여 몇 년이 안 되어 문리를 빨리 깨우쳤다. 어떤 손님이 생기(生氣)를 짚는 법으로 사람을 가르쳤는데 곁에 있다가 한 번 듣고는 마음으로 깨달아 손가락을 꼽아 괘를 만드니 자리에 있던 사람들이 경탄하였다. 12세에 사서삼경의 본문을 외웠다.

순암은 아들이 처가에 가는 길에 인사드렸다고 했지만, 이때 아들에게 보낸 편지를 보면 순암은 처음부터 경증을 소남의 제자로 만들려고 아들에게 신신 당부하였다. 소남의 인품을 보며 학문보다 먼저 사람이 되어야 한다고 생각했던 것이다. 『순암집』 권9에 이때 경증에게 보낸 편지가 실려 있다.

아들 학(璺)에게 써 준 글
-학은 나중에 경증(景曾)으로 이름을 바꾸었다. ○정묘년(1747)

부부의 관계는 온갖 복의 근원이니만큼 처음부터 근신하는 도리를 신중히 하지 않을 수 없다. 서로가 예의로 존경하는 것을 잊어버리고 갑자기 서로 친밀해질 경우 곧바로 금수(禽獸)가 되고 말 것이다. 항상 이것으로 말미암아 자신과 가문의 명예를 실추시키고 있으니, 삼가지 않을 수 있겠는가. 『중용(中庸)』에 말하기를 "군자(君子)의 도리는 부부로부터 시작된다."고 하였다. (줄임)

지금 내가 너를 (처가에) 보내는 것은 풍속에 따라 너의 처가

(妻家)에서 맞이하는 예를 치르기 위해 그런 것이 아니다. 다행히도 윤 장(尹丈)이 이웃에 살고 있으니, 네가 그분에게 교화를 받을 희망이 있을 것으로 기대해서이다. 마땅히 날마다 찾아가 문안 인사를 드리고 조만간에 『논어』를 가르쳐 달라고 청하되, 절대로 집에 있을 때처럼 시도 때도 없이 출입하며 한가로이 나날을 지냄으로써 허송세월을 보내지 않아야 할 것이다. 한번 선배 어른들에게 예우받지 못하는 사람이 되어 버리면 앞으로 발을 붙일 곳이 없을 터이니, 경계해야 할 것이다.

생활할 때 경건히 하고 방종하거나 게을리해서는 안 될 것이며, 사리에 맞는지 아닌지를 생각하여 말하고, 비웃거나 떠들어서는 안 될 것이다.

방탕하게 술을 마시고 학업을 폐지해서는 안 될 것이다. 그러면 또한 말을 잘못하여 자신을 잃고 남까지 그르칠까 염려되니, 더욱더 깊이 경계해야 할 것이다. (줄임)

벗을 사귈 때 특히 사람을 잘 가려야 할 것이다. 그리고 같은 선생의 문하에서 배우는 사람이라도 친하게 지낼 사람과 소원하게 지낼 사람을 구분하지 않을 수 없으니, 모두 선생께 요청하여 가르쳐 주시는 대로 해야 할 것이다. (줄임)

이상의 6조목은 주자가 자식을 가르쳤던 글이다. 이 글을 며칠 사이에 외우고 생각하여 실천에 옮겨야지 지상(紙上)의 묵은 말로 보아서는 안 될 것이다.

조선 중기에 주자가례가 정착되면서 혼례가 바뀌어 시집간다는 말이 생겼지만, 먼저 처가에 가서 혼례를 치르기 때문에 장가든다는 말도 생겼다. 순암은 아들이 장가들어 아내에게 빠질 것을 염려하여, 도남촌 처가에 장가보내는 목적이 이웃에 사는 소남에게 배우기 위해서라고 설명하였다. 아울러 주자가 자식을 가르쳤던 6조목을 써 주면서, 같은 선생 문하에서도 친구를 가려 사귀라고 권면하였다. 순암이 소남에게 "강석의 끝에 참여하여 가르침을 받게 해 주었다"고 고마워했던 것처럼, 이미 소남의 서재에는 인천의 여러 제자들이 찾아와 글을 배우고 있었다.

도남촌에 장가든 뒤부터 경증이 소남과 순암의 편지를 전달하였는데, 순암이 2년 뒤 1749년에 쓴 편지에 뜻밖의 사연이 보인다.

> 지금 장석(丈席)의 답서에, 『소학(小學)』을 보라고 권하셨기에 오늘 아침부터 읽기 시작하여 가르침을 받아들일 바탕을 마련하고 있습니다.

『소학』은 글자 그대로 어린 시절에 배우는 책인데 38세 된 학자에게 『소학』을 보라고 권한 것도 특이한 일이지만, 그 말을 듣고 "읽기 시작했다"고 아뢰는 것도 특이한 일이다. 소남에게는 『소학』에 대해 남다른 사연이 있다. 성년이 되어 파곡 이성중의 후손 집안에 청혼하자, 규수의 외조모가 소남의 언행을 보고는 "윤 신랑(尹新郎)은 범상치 않은 사람이니, 나중에 반드시 석유(碩儒)가 될 것이다." 하면서 『소학』 한 질을 주었다고 한다.

『소학』은 순암에게도 특별한 사연이 있는 책이다. 제자 황덕길이 지은 「순암행장」에서 가장 먼저 언급한 책이 바로 『소학』이다.

숙종 임진년(1712) 12월 25일에 선생이 태어났는데, 나면서부터 특이한 자질이 있어서 어릴 때부터 영특하였다. 처음에 『소학(小學)』을 읽어서 글 뜻을 깨우쳤는데, 번거롭게 가르치지 않아도 스스로 매일 천백 마디의 말을 기억하여 한 번만 스쳐 읽으면 그 즉시 암송하였다.

『소학』은 일상생활의 예의범절, 수양을 위한 격언, 충신·효자의 사적 등을 모아 놓은 유교의 입문서이니, 학자를 목표로 하지 않은 아이들도 서당에서 웬만큼 배운 책이다. 「순암연보」에 의하면, 순암은 10세 되는 1721년에 "처음으로 입학(入學)하여 먼저 『소학』을 읽었다."고 했는데, 순암이 이때 남대문 밖 남정동에 살았으니 서학(西學)에 입학하여 배웠을 것이다.

● 소남 종가에 전해오는 『소학언해』와 『소학집설』

그런데도 선배가 권하자 『소학』을 다시 공부했다는 것은 소남과 순암의 사이가 그만큼 돈독했으며, 『소학』을 체질화하였음을 보여준다. 1년 동안 열심히 연구한 뒤에는 성호에게 『소학』에 관한 구체적인 질문 목록을 작성하여 편지를 보냈으며, 성호가 지어준 답장 「안백순의 『소학』 문목에 답하는 편지. 경오년(1750) [答安百順 小學問目 庚午]」이 『성호전집』 권24에 실려 있다.

그래서 황덕길이 「순암행장」을 지으면서 두 사람의 관계를 이렇게 설명하였다.

당시에 문학(文學)을 하는 선비들이 모두 성호 선생의 문하에 모여 있었는데, 독실(篤實)하기로는 소남 윤동규와 같은 사람이 있었고, 정밀하고 상세하기로는 정산(貞山) 이병휴(李秉休)와 같은 사람이 있었다. 공은 이들과 뜻이 같고 도가 맞아, 항상 강론하면서 서로 권면하기를 일삼았다. 어쩌다 견해에 서로 차이가 있을 경우에는 또한 반복해서 논변(論辨)하여 하나로 귀결되게 하였으니, 울연히 건순(乾淳)의 유풍(遺風)이 있었다.

건순은 송나라 효종(孝宗)의 연호인 건도(乾道)와 순희(淳熙)로, 이 시기에 주희(朱熹), 장식(張栻), 여조겸(呂祖謙) 등의 학자가 활동하면서 서로 학문을 논하였다. 성호학파에서도 학문이 성하게 일어나 학자들 간에 서로 토론하는 것을 건순(乾淳)의 유풍(遺風)에 견준 것인데, 대표적인 학자 순암 안정복이 혼자 나서지 않고 모든 절차를 소남과 의논하며 진행하였으므로 성호의 학문을 집대성할 수 있었다.

시를 잘 지으려 하지 않아도
시인이 되었던 형제들

진사시 1차 시험이 과시(科詩)였으므로, 과거시험을 공부하는 모든 시인들은 당연히 한시 짓는 공부를 하였다. 소남 종가에 십여 권 남아 있는 과시집(科詩集)이 그 증거이고, 수십 장 남아 있는 시권(試券)들이 그 결과이다.

소남의 스승인 성호의 문집에는 시가 6권 남아 있고, 후배인 순암의 문집에도 시가 1권 남아 있다. 둘 다 문집의 첫머리에 시를 편집하고, 그 뒤에 학문을 토론한 편지들을 편집하였다. 성호와 순암 모두 과거시험 공부를 하고, 시험에 응시하였기 때문에 당연한 결과이다.

소남의 아버지 취망의 시권도 종가에 남아 있거니와, 소남의 아들 광로의 경우에는 그 아들 윤신이 유고집을 편집하였는데, 대부분 과시(科詩)이다. 편마다 시험본 연도와 성적, 심사자 이름까지 기록하였다.

그러나 소남이 지은 시는 별로 남아 있지 않다. 과거시험 공부를 하지 않았기에 과시가 없을 뿐 아니라, 선후배들과 주고받은 시도 없다. 문집 권1부터 권8까지가 모두 편지이며, 권9와 권10은 경설(經說), 권11과 권12는 예설(禮說), 권13과 권14는 잡저(雜著)이다. 『소남선생문집』을 편집할 때에 시고(詩稿)도 남아 있었겠지만, 분량이 적거나 소남은 시인이 아니라고 생각하여 제외한 듯하다.

『천자문』이 구절마다 운을 맞춘 사언시이기 때문에, 『천자문』을 외우고 나면 쉽게 시를 지었다. 한 글자만 넣으면 시가 되니, 서당에서 오언시 『추구(推句)』를 가르친 것도 그 때문이다. 겨울에는 방안에서 『명심보감』이나 『소학』을 외우고 여름에는 나무 그늘에서 한시를 짓게 한 것도 열 살 남짓이면 시를 지을 수 있었기에 가능한 교수법이었다.

소남 종가에 소남 형제가 파주 종회에 참석하여 지은 시가 있다. 1727년 5월에 파주 선산에서 파평 윤씨 종회가 모였다. 문장(門長)이 먼저 「종회(宗會)」라는 제목으로 칠언율시 2수를 짓고 친족들에게 차운하기를 청하자, 소남이 시와 서(序)를 함께 지었다.

문장공(門長公) 종회(宗會) 시에 삼가 차운하다

규(奎)는 시에 능하지 못한 지가 이미 오래되어, 치우고 짓지 않았습니다. 지금 문장공께서 먼저 율시 2수를 읊으시고 여러 친족들에게 함께 짓자고 요청하시니, 아아! 음식으로 친족들을 먹이고 시(詩)로써 노래하는 것은 고금의 성대한 일입니다. 이미 명을 들었으니, 글이 거칠다고 사양할 수 없어, 원운(元韻)에 삼가 차운하여 담비 꼬리를 이음으로 뜻을 보이고자 합니다.

마지막을 생각하려면 반드시 처음부터 잘해야 하니
지금같이 법을 세우면 다하고도 남음이 있으리라.
술을 실컷 마시니 다들 마음껏 취했고
모습들이 엄정하면서도 또한 편안하시네.
게다가 먼 친족과 가까운 친족들이 함께 있으니
같은 마을인지 다른 마을인지 따지지 말진저.
봄가을로 배향하기를 항상 약속하였으니

敬次
門長公宗會韻三首幷小序
奎阮不能詩久矣輟而不住今門長
公阮詠四韻二首以要諸族共賦嗚呼
綴族以食而又歌以詩誠兮今咸事阮聞
有命義不可以荒蕪辭敬步元韻以續
貂尾見志云予豈敢曰詩
有令辰合族初郕昜覺上予

雲外翻天倫樂事儘如許
墟海天一夜渡呈光村垠潛觀如雲
歸來勝事懶點波一夢滄波尚吐石果然
清篇鶴帶來深意宛轉凝眹渾㤼我詩平
太不張捲甲殘伍惻凝賁五十句語報不
瓜自㐫兀磶伴瓊珸
宗會席上元韻
儀容秩秩設遊初談笑溫溫阮醉餘辜樹

羲成春歷亂庭蘭影轉月扶踈宗親自可
敦和睦孝悌元來在疾徐岁少村垠成堵
著百年勝會藩鄉閭
右宗會
鹽戸漁村靚面初海門春色鴈過餘彌玉
鷲迹淨雲去郡伯遺壠蕩兩踈滄海壯觀
浩浩五峯歸路影徐徐潮生別浦山
予乗昏八里閭

● 문장공차운시 3

宗會 吾公實始初皆送厚德推其餘礼
班親族莫道同固與異間綴食春秋常有
約洽兹顏面不生踈
厲終必自善其初立泫如今儘有餘飲酒
睦睦不患親情日漸踈
…勤勉孝慈將着聞州間吾門自此修…
…咸来在宜冠童不耳從…

門長公宗會韵二首并引
敬次
之當矢斯湏急昔未遑焉不可徐毀十人
来知威族東西宮聚旦成間新詩再拜三
過讀大抵要言戒勿踈
強圍協洽端陽之月
三從姪 東奎

述夫天原五行人親五屬觀於姓而
考之所出殺於氏而歲…

● 아우 동진도 이날 같은
시에 차운하여 지었다.

敬次
門長公韵
韓壁功名大厥初流風百代尚遺餘蟬連
衣帶今王謙清白家拜鸞陸徐喬木盤根
滋雨露葳蘭雲葉庇庭間宗八湏篤親
意莫使思情有潤踈
儘矣吾鄉談禊初規摸周會綴宗餘隨
右郎事

扶杖花中暖日過真灵影裡徐公實主
張宗黨官天應高大于孫間鐙前拜獻盈
艦酒松鶴眼客鬢髮踈
三從姪 東軫

이제부터 안면이 생소하지 않으리라.

-정미년 5월 삼종질 동규 삼가 차운하다.

思終必自善其初。立法如今儘有餘。

飮酒厭厭皆洽醉、儀容秩秩亦安徐。

且須遠族班親族、莫道同閭與異閭。

綴食春秋常有約、從玆顔面不生疎。

強圉協洽端陽之月 三從姪 東奎敬次

　　문장공이 평성(平聲) 어운(魚韻)으로 율시를 지었기에 소남 형제
도 같은 운자로 지었다. 진(晉)나라 조왕(趙王) 윤(倫)이 잠깐 황제
의 자리를 찬탈하였을 때에 조정의 벼슬을 함부로 많이 임명하니,
사람들이 말하기를, "담비꼬리가 부족하여 개 꼬리로 잇는다." 하
였다. 담비꼬리(貂尾)는 고관의 모자에 꽂는 장식이다. 여기에서 구
미속초(狗尾續貂)라는 고사성어가 나왔는데, 이 글에서는 윤동규
자신이 문장공의 시에 차운하는 것을 겸손하게 표현한 말이다.

　　첫 구절의 초·종(初終) 두 글자는 초상이 난 뒤부터 졸곡까지
치르는 온갖 일이나 예식을 풀어 쓴 것이니, 사종(思終)은 효사종
천(孝思終天, 부모상을 당해 몸을 마칠 때까지 비통해하는 효자의 마음이
라는 뜻)의 준말이다. 종회(宗會)라는 제목에 맞는 구절로 시작하여,
제사가 끝난 뒤의 흥겹고도 예절을 지키는 술자리를 잘 묘사하였
다. 일상적인 시가 아니어서 소남 시의 진면목을 보여주지는 못하
지만, 불타다 남은 종이 몇 장에서 소남 시의 단면을 엿볼 수 있다.

　　현재 전하는 『소남선생문집』에는 시가 하나도 실려 있지 않지

만, 소남도 흥이 나면 성호에게 자주 시를 지어 보냈다. 성호가 그에게 차운(次韻)해 보낸 시에 그 자취가 드러난다. 「윤유장이 부쳐 온 시에 화운하다(和尹幼章寄來韻)」 2수 가운데 오언절구를 보자.

> 스스로 벼슬에 오를 바탕이 없진 않으나
> 벼슬을 기약하면 무심한 게 못 되지.
> 위의를 갖추어 벗들이 검속하니
> 시어가 고아한 소리를 내는구나.
> 自進非無地、相期即有心。
> 威儀朋友攝、詩語發高吟。

소남이 지은 시를 볼 수는 없지만, 벼슬에 관한 이야기를 했던 게 아닌가 생각된다. 조선시대 학자들에게 벼슬은 끝없는 유혹이었는데, 성호학파 선후배들은 서로 검속했다. 벗들이 검속한 것은 시가 아니라 벼슬길의 유혹이었지만, 위의를 갖추어 검속하다 보니 이들의 시까지도 고아한 소리를 내게 되어 성호가 소남의 시를 칭찬한 것이다.

이날 같은 제목으로 칠언율시 1수도 화답했는데, 소남이 평성(平聲) 회운(灰韻)의 래(來)·최(催)·재(才)·배(杯)·회(回) 자를 써서 지어보내자, 성호가 화답시 미련(尾聯)에서

> 술 깨어보니 밤눈이 꿈결에 내려
> 시를 한 수 짓고 나면 고개 한 번 돌려보네.
> 蘇來夜雪添魂夢、一度題詩首一回。

라고 하였다. 소남의 시를 받아보고 술 한 잔을 마시며 화답시를
지었는데, 술에서 깨어보니 꿈결에 밤눈이 내려 시를 짓고 나서 고
개를 한 번 돌려보았다고 한다. 뜨락에 내린 눈을 보려는 것이 아
니라, 혹시라도 소남이 왔을까 하고 돌아본 것은 아닐까.

어느 봄날엔가 소남이 「신춘(新春)」이라는 제목으로 3수를 지어
보내자, 성호가 역시 같은 운을 써서 3수를 지어 부쳤다.

윤유장(尹幼章)의 〈신춘(新春)〉 시에 차운하다 3수.1

어느덧 세월이 흘러 천시가 이르니

따스한 기운이 동쪽에서 이누나.

만물이 모두 분주히 움직이니

말지 않고 어찌 펼 수 있으랴.

다니건 앉건 참으로 즐거우니

누군들 자기 집을 사랑하지 않으랴.

유유자적하며 더불어 다투지 않으니

동식물도 저마다 제자리 잡았구나.

꾀꼬리가 울며 서로 감응하기에

지팡이 짚고 푸른 벌판을 거닐어 보네.

그리운 벗이 지금 보이지 않으니

외로이 지내며 어떠하신지 묻노라.

次尹幼章新春韻 三首

厭厭天時至、暖律生東隅。

百物咸奔趣、不卷胡得舒。

行坐儘知樂、疇不愛其廬。

悠悠與無競、動植各定居。

嚶鳴要相感、策杖遵靑蕪。

所思今不見、索居問何如。

　각 구절의 운자(韻字)를 。표로 표시했으니, 소남이 새봄을 맞아 시를 지은 글자들을 성호도 그대로 사용하여 답장을 썼다. 성호는 다양한 고사들을 사용하여 이 시를 지었다. 도연명(陶淵明)이 「독산해경(讀山海經)」에서 "여러 새들은 깃들 곳 있으니 즐겁고, 나도 또한 내 집을 사랑하노라.[衆鳥欣有托, 吾亦愛吾廬]" 하였다. 『시경』 「소아(小雅) 벌목(伐木)」에 "꾀꼴꾀꼴 꾀꼬리가 우니, 벗을 찾는 소리로다. 저 새를 보니 저 미물도 벗을 찾아 우는데, 하물며 사람이 벗을 찾지 않는단 말인가.[嚶其鳴矣 求其友聲 相彼鳥矣 猶求友聲 矧伊人矣 不求友生]" 하였다. 이 시에서는 새들이 짝을 찾는 소리를 듣고 제자들이 생각나서 벌판을 거니는 자기 모습을 소남에게 보여준 것이다.

　마지막 구절의 '소사(所思)'는 '유소사(有所思)'의 준말로 '생각나는 사람이 있다'는 뜻이다. '삭거(索居)'는 '이군삭거(離群索居)'의 준말로, 함께 학문하는 벗을 떠나 홀로 사는 것을 말한다. 공자의 제자 자하(子夏)가 "내가 이군삭거한 지 오래이다." 한 데서 유래하였다. 성호 자신이 제자들을 떠난 것은 아니지만 이 봄날 제자들이 옆에 없으니 스스로 삭거라고 하였다. 아마도 스승을 떠나 있는 소남이 먼저 '삭거'라는 표현을 써서 「신춘」 시를 보냈을 것이다. 그렇다면 지금 성호가 생각하는 사람, 그리운 벗은 화답시를 지어 보내는 소남이다.

윤유장(尹幼章)이 부쳐 온 시에 화운(和韻)하다

나무꾼만 사는 빈 산에 잉어 한 쌍을 보내 오니
좋은 바람이 강호의 하늘로 불어 들었구나.
봉함을 열자 십 년 전 일이 생각나네
소매를 잡고 다정하게 얘기하며 다녔지.
사귐이란 서로 뜻이 맞는 게 중요한 법
그 밖에 자잘한 것이야 덧없는 연기 같네.
내 벗이 고상한 뜻을 품고서
소매 속에 경서 가지고 독실히 공부함을 보리라.
자주 이야기하여 나의 어리석음 깨우치니
마음으로 즐겁지 않으면 누가 이럴 수 있으랴.
나의 견해가 일상적인 틀에 떨어지지 않게 해 주니
지척의 관문에서 범인과 선인이 나누어지네.
승황이 길에서 힘차게 달리길 기다리니
나도 뒤에서 느린 말 타고 채찍질하리라.
요즘 만나지 못해 그대 사는 바닷가 생각나니
꿈속에서는 산천이 막힌 줄도 알지 못하겠구나.
마음속에 좋아하는 사람을 어찌 잊으랴
밤낮 도도하게 흘러가는 물과 같으니.
진중한 시통(詩筒)을 보내도록 서로 노력하세나
그대에게 다시금 구우편을 지어 보내노라.

和尹幼章寄來韻

樵牧空山雙鯉傳。好風吹入江湖天。

開緘卻憶十年事、奉袂從容與周旋。

自是交驩貴相得、餘外紛紛等浮煙。

行看吾友抱高尙、袖中經卷加功專。

頻開話柄發人蒙、苟非心樂疇能然。

不敎知見落科臼、咫尺關限分凡仙。

乘黃在道待奮蹄、後駕駑駘吾且鞭。

間者潤焉思中渚、夢魂不道阻山川。

中心願好何可忘、日夜滔滔走源泉。

珍重詩簡各勉力、爲君更賦求友篇。

　　소남이 먼저 지은 시의 제목을 알 수 없는데, 첫 구절의 전(傳)부
터 마지막 구절의 편(篇)까지 모두 선운(先韻)을 사용하여 지어 보
냈다. 소남의 시를 받아본 성호는 "한 쌍의 잉어"라고 했는데, 고
대 『악부(樂府)』 시에 "나그네가 먼 곳에서 와, 내게 한 쌍의 잉어를
주었지. 아이 불러 잉어를 삶게 했더니, 뱃속에 편지가 들어 있었
네.[客從遠方來 遺我雙鯉魚 呼童烹鯉魚 中有尺素書]"라는 구절에서 가
져온 말이다. 편지의 사연을 보고는 십 년 전 처음 만나서 소매를
잡고 다정하게 얘기하며 다니던 시절을 연상했다. 제자가 별로 없
던 시절 14년 젊은 제자가 생기자 친구처럼 친했던 것이다.

　　소남과 의견을 나누다 보면 일상적인 틀에서 벗어나게 되니, 송
나라 학자 소강절(邵康節)의 표현을 빌려 범인(凡人)인 자신을 일깨
워주는 소남을 선인(仙人)이라고 높였다. 승황(乘黃)은 전설에 나오

는 신마(神馬)이니, 천리마 타고 달리는 소남을 성호 자신도 뒤에서 느린 말 타고 채찍질하여 따라가겠다고 다짐하였다. 아마 소남이 먼저 썼던 표현을 비슷하게 써서 제자를 격려한 듯하다.

꿈속에서는 산천이 막히지 않아 소남이 사는 도남촌 바닷가를 생각하며 이 화답시를 지었는데, 구우편(求友篇)은 『시경』 「소아(小雅) 벌목(伐木)」에 "꾀꼴꾀꼴 우니, 벗을 찾는 소리로다. 저런 새를 보아도 벗을 찾아 저리 우는데, 하물며 사람이 벗을 찾지 않으랴. [嚶其鳴矣 求其友聲 相彼鳥矣 猶求友聲 矧伊人矣 不求友生]" 한 데서 온 말로, 벗을 찾는 시를 뜻한다. 여기서는 성호가 화운한 이 시 전체를 가리킨다.

"진중한 시통(詩筒)을 보내도록 서로 노력하자"고 하여 답시(答詩)를 재촉했는데, "마음속에 좋아하는 사람을 어찌 잊으랴. 밤낮 도도하게 흘러가는 물과 같으니."라는 구절은 성호 자신이 소남을 그리워하는 마음이면서, 자네도 역시 그러할 테니 빨리 시를 지어 보내라는 압박이기도 하다.

이런 화운시를 받아들고 며칠씩 답장을 미룬 강심장은 성호학파에 없었을 것이다. 이는 성호의 교수법이기도 하겠지만, 소남이 이러한 분위기의 시를 자주 지었음을 입증하는 시이기도 하다. 어디엔가 남아 있을는지도 모를 소남의 시고(詩稿)를 찾는 것도 우리의 숙제이다.

동진이 세상을 떠나자 성호가 소남에게 윤동진의 유고가 있는지 물었는데, "오칠언(五七言) 장단편(長短篇) 몇 권이 있다"고 하자 그 시권(詩卷)을 안산에 가져다 놓고 읽어본 뒤에 발문을 써 주었다.

복춘(復春)이 나와 종유한 지가 20여 년 되었는데, 경학(經學)과 예학(禮學)에 대한 담론은 장황하면서 여운이 있어 편지를 빈번하게 주고받을 때마다 새로운 지식을 드러내었다. 그러나 시율(詩律)에 대해서는 한 번도 언급한 말이 없어, 막연히 모르는 자처럼 하였다. 그래서 나는 "마음으로 좋아하는 바가 있으면 거기에 공부를 전념하는 법이니, 반드시 경학과 예학을 급히 여기느라고 시는 미처 지을 겨를이 없나 보구나." 생각하였다.

　그가 세상을 떠났을 때 내가 서둘러 조문하고 그의 형에게 유고(遺稿)가 있는지 찾았더니, 형이 이렇게 말하였다.

　"죽은 아우가 스스로 말하기를 '학문이 아직 수준에 이르지 못하였는데 저술하는 것은 망녕된 짓이니, 제가 실로 글짓기를 부끄러워합니다.'라고 했습니다. 오칠언의 장편과 단편시 같은 것을 적은 『만흥수록(漫興隨錄)』 몇 권이 있습니다."

　이에 이 사람이 (학문에 힘쓰느라) 작은 성취를 즐기지 않았다는 것에 대해 더더욱 감탄하였고, 자취와 마음은 묻히고 없어졌으나 오히려 평소의 글이 약간 남아 있는 것을 다행으로 여겼다.

　마침내 가지고 돌아와 방에 두었는데 이따금 한 번씩 읽으면 읽을수록 의리와 정취가 끊이지 않고 흘러넘쳤으니, 평소 빈한한 선비의 말씨가 아니었다. 그가 지은 고체시(古體詩)와 장구(長句)는 가다금 모래 속에서 옥이 나오는 듯하였으니, 비록 옥의 티는 가릴 수 없다 할지라도 까치에게 던지는 곤륜산의 옥돌처럼 크고 작은 보옥이 흔하게 나왔다.

　나는 복춘이 시에 힘쓴 자가 아니라, 본래 성품이 총민하여 손 가는 대로 써서 얻었다는 것을 알고 있다. 그가 문장가의 기량에 마음을 두었다면 장강대하(長江大河)와 같은 글을 쏟아 내는 대문장가나 한혈마(汗血馬)와 같이 타고난 천재에 이르는 것이 어찌 어려웠겠는가. 그러나 반드시 백 보 천 보를 양보한다 할지라도 복춘이 그렇게는 하지 않았을 것이다.

－「윤복춘 시권 발문[跋尹復春詩卷]」

"고체시나 장구는 이따금 모래를 뒤지다 옥을 찾아냈다.[其古體長句, 往往披沙玉出.]"고 했으니, 모두 잘 쓴 시는 아니었지만, 이따금 좋은 시가 나온 듯하다. 성호는 윤동진이 시 짓기에 힘쓰지는 않았지만, 성품이 총민해서 손 가는 대로만 두어도 좋은 시를 얻었다.[其古體長句, 往往披沙玉出.]고 했다. 본인은 굳이 시인이 되려 하지 않았지만 이미 시인이 되었다는 뜻이다. 이는 소남도 마찬가지이다.

벼슬 추천도 마다하고
가난하게 살며 학업에 힘쓰다

소남이 성호나 순암과 주고받은 편지를 보면 가난하다는 말이 입버릇처럼 나온다. 실제로 조선시대에는 양반이 선택할 수 있는 직업이 제한되어 있었다. 조선시대 직업을 크게 사농공상(士農工商)이라고 하였는데, 공(工)은 직업이라기보다는 천한 신분에 가까웠으며, 상(商)은 이문을 덧붙여 돈을 벌기 때문에 선비가 선택할 직업이 못 되었다.

물론 이재(理財)에 밝은 양반도 있었지만, 자신이 나서서 장사하는 것이 아니라 종을 내세워서 장사하였다. 논밭을 사고팔거나 관청에 명문을 제출할 때에 양반이 자신의 이름을 쓰지 않고 종의 이름을 쓰는 것도 그 때문이다. 소남 당시에 몰락한 남인의 후예들 가운데 장삿길에 나서는 경우가 이따금 있었는데, 계속 글을 읽는 친구들과 눈물로 이별하였다. 앞으론 만날 일이 없기 때문이다.

선비들은 돈을 멀리하였다. 연암 박지원이 지은 「양반전」에서 양반의 조건 가운데 하나를 "수불집전(手不執錢)"이라고 한 것처럼 돈을 손으로 만지지 않았다. 기생집에서 풍류를 즐기던 양반들도 화대를 줄 때에는 접시에 돈을 얹은 다음에 젓가락으로 집어서 주었다고 한다. 또 「양반전」에서 "불문미가(不問米價)"라고 한 것처럼 쌀값을 묻지 않는 것을 미덕으로 여겼다. 물론 이는 선비가 돈에 지나치게 관심을 가지지 말라는 뜻이었지만, 남산의 딸깍발이처럼 살림을 등한시하다 보면 아내들이 머리를 잘라다 손님을 접대했다는 이야기까지도 생겨났다.

결국 벼슬하지 않는 양반이 선택할 수 있는 직업은 글 읽는 선비 아니면 농업이었는데, 선비는 수입이 없으니 사실상 직업이라고 할 수 없었다. 농업을 생업으로 삼으려면 적당한 규모의 농장과 노비(奴婢)를 상속받아야만 가능하였다. 박지원은 「양반전」에서 양반의 직업 선택을 세분화하였다.

> 양반의 이름은 여러 가지이다. 글만 읽으면 선비[士]라 하고, 정치에 종사하면 대부(大夫)라 하며, 착한 덕이 있으면 군자(君子)라고 한다.

정치에 종사하여 대부가 되려면 과거시험 공부를 하여 벼슬길에 나서야 한다. 아니면 학덕(學德)을 쌓아 은일(隱逸)이나 학행(學行)으로 추천받아 벼슬을 얻는 방법도 있다. 사람들이 군자로 인정해도 벼슬을 받을 수 있었던 것이다.

성호학파를 예로 든다면 성호나 순암은 젊은 시절에 과거시험 공부를 하였다. 행장초에 보면 소남도 처음에는 여느 양반집 자제들처럼 과거시험 공부를 했다는 기록이 보인다.

　　선생이 처음에는 공거업(公車業 과거시험 공부)을 일삼았지만 곧바로 그만두고, 학업에 전념하였다. 드디어 바닷가 소성현 도남촌에 살면서 책을 읽으며 이치를 궁구하였다. 先生初事公車業, 卽棄之, 一意於學, 遂居於海上之邵城縣道南村, 讀書窮理.

18세에 성호를 찾아왔다면 그 나이에 이미 벼슬에 관심을 끊고 위기지학(爲己之學)의 길로 나섰음을 알 수 있다. 소남의 편지에서 가난하다는 표현이 자주 보이는 것도 이 때문이다.

역시 박지원이 지은 「허생」의 주인공도 10년을 작정하고 남산골에서 위기지학에 힘썼다. 박지원이 실존 인물을 대상으로 썼다고 밝힌 이 소설은 이렇게 시작된다.

　　허생은 묵적골에 살았다. 남산 아래에 곧바로 닿으면 우물 위에 늙은 은행나무가 서 있고 싸리문이 그 나무를 향하여 열려 있으며, 초가집 두어 칸이 비바람도 가리지 못한 채 서 있었다. 그런데도 허생은 글 읽기만 좋아해서, 그의 아내가 남의 바느질

품을 팔아서 입에 풀칠이나 하였다.

하루는 아내가 너무나 배고파 훌쩍거리며 "당신은 평생토록 과거시험도 보지 않으니, 글을 읽어서 무엇 하시려오?"라고 물었다. 허생은 웃으면서 "난 아직 글 읽기에 익숙하지 못하다오." 하였다. "그러면 쟁이 노릇도 못 하신단 말이에요?"라고 아내가 따지자, 허생이 "쟁이 일은 애초부터 배우지 못했으니, 어떻게 할 수가 있겠소?"라고 말하였다. 아내가 "그럼 장사치 노릇이라도 하셔야죠."라고 말하였다. 허생이 "장사치 노릇인들 밑천이 없으니 어떻게 할 수 있겠소?"라고 말하자 그 아내가 성내면서 "당신이 밤낮으로 글을 읽었다더니 겨우 '어찌 할 수 있겠소?'라는 말만 배웠구려. 그래 쟁이 노릇도 못 하고 장사치 노릇도 못 한다면, 도둑질은 왜 못 하시나요?"라고 욕했다. 그러자 허생도 할 수 없이 책을 덮고 일어났다.

허생의 아내도 조선의 직업 순서를 알았기에 사농공상의 순서로 물어보았다. 농사를 묻지 않은 것은 애초부터 땅이 없는 것을 알았기 때문이다. 지방에 땅이 있던 양반들은 서울에서 벼슬이 떨어지면 고향으로 돌아가 농사를 지었지만, 허생은 처음부터 돌아갈 땅이 없었다. 그래서 아내가 남의 바느질 품을 팔아서 입에 풀칠이나마 해왔다.

소남의 아내가 벼슬에 나서려 하지 않는 남편을 허생의 아내처럼 타박하지 않은 것은 처음부터 관리가 아니라 학자가 될 것을 알고 시집왔기 때문이다. 소남이 성년이 되어 파곡(坡谷) 이성중(李誠中)의 후손 집안에 청혼하자 이씨의 외할머니인 윤씨 부인이 소남의 언행을 보고 "윤 신랑(尹新郞)은 범상치 않은 사람이니, 나중에 반드시 석유(碩儒)가 될 것이다." 하면서 『소학』 한 질을 주었다고 한다.

　남편이 공부만 한다고 해서 소남의 아내가 허생의 아내처럼 남의 바느질 품을 팔아서 생계를 꾸렸다는 기록도 없다. 여러 곳에

소남이 1737년에 도남촌 산자락 땅을 사들인 명문

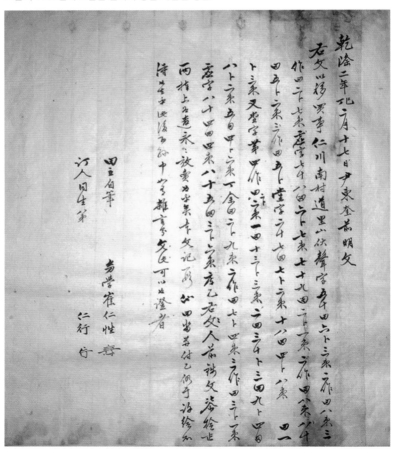

널려 있던 토지에서 일정한 수입이 들어와 기본적인 생활은 유지할 수 있었기 때문이다.

인천으로 이사온 뒤에도 1737년 2월 17일에는 도남촌에 사는 최인성(崔仁性)에게서 남촌 도리산 자락 토지를 71냥에 사들였다. 소유주 인성의 아우 인행(仁行)이 증인이 되어 명문(明文)을 작성하고 수결(手決)하였다.

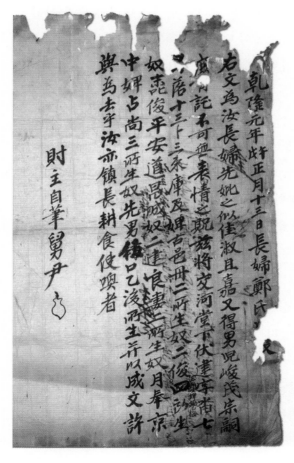

●
「건륭 원년 정월 13일 장부(長婦) 정씨 명문」이라는 제목의 분재기 끝에 소남이 수결하였다.

이듬해에 손자 신(愼)이 태어나자 1738년 정월 13일에 큰며느리 연일 정씨(延日鄭氏)에게 분재기(分財記)를 작성해 주었다. 교하(交河) 논 7두락(斗落 마지기) 13복(卜) 3속(束)과 함께 여종 곱단이가 낳은 두 아들, 평안도 창성에 있는 종, 서울에 있는 종 등을 큰며느리 정씨에게 선물로 준 것이다. 논만 준 것이 아니라 농사를 짓고 살림을 도와줄 종까지 미리 증여한 셈이다.

소남이 큰며느리에게 교하의 논을 일곱 두락 넘게 선물하였지만, 맏아들 광로가 1754년에 37세로 세상을 떠나자 손자 신이 장성할 때까지는 결국 소남이 다시 관리하였다. 소남이 1758년 교하 농장에 다녀와서 성호에게 편지를 보내자, 성호가 답장을 보내어 안부를 물었다.

> 만나는 시간은 잠깐이고 이별해 있는 시간은 기니, 몹시 그리운 마음이 어느 때에나 그치겠습니까. 교하(交河)에서 얼마 전에 돌아왔다고 하던데 고생은 하지 않았습니까? 편지가 와서 기거(起居)가 더욱 좋아졌다는 것을 알고 기뻤습니다.
>
> – 「답윤유장(答尹幼章) 무인(戊寅)」

소장 종가에 소장된 『파평 윤씨 본종세계(坡平尹氏本宗世系)』에는 소남의 학문이 알려지자 사헌부에 천거되었다는 기록이 있다.

> 여러 차례 부름 받았으나 일어서지 않았고, 남대(南坮)에 천거되었으나 나아가지 않았다.
>
> 累徵不起, 薦南坮不進.

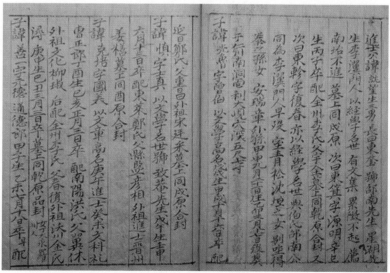

소남이 학행으로 남대에 천거되었다는 『파평 윤씨 본종세계(坡平尹氏本宗世系)』 기록

남대(南坮)는 남대(南臺)와 같은 글자이다. 춘추시대 제(齊)나라의 유명한 사관(史官)인 남사씨(南史氏)가 권신인 최저(崔杼)의 장공(莊公) 시해(弑害)를 곧바로 썼다가 화를 당한 일이 있어서, 후에 어사대(御史臺)를 남대라고 하였다. 조선시대에는 과거시험에 급제하지 않은 자라도 학행(學行)이 뛰어나면 사헌부의 집의(執義 종3품)·장령(掌令 정4품)·지평(持平 정5품) 등을 제수하였는데, 이를 남대라 칭하였다. 주로 초야에서 학문을 닦던 산림처사(山林處士)에게 제수하였다. 효종 때의 송준길(宋浚吉)·송시열(宋時烈), 현종 때의 윤휴(尹鑴)·허목(許穆) 등의 산림 학자들이 남대에 임명되었다.

소남이 몇 살에 남대로 천거되었는지는 기록이 없지만, 자신의 본분이 아니라고 생각하여 부임하지 않았다. 소남은 후배 순암이 벼슬에 나아갈 때에도 같은 반응을 보였는데, 순암도 기본적으로는 선비가 벼슬을 얻기 위해 과거시험 공부하는 것을 부정적으로 생각하였다.

(순암이) 또 과거(科擧)의 폐단에 대해서 논하면서 말하였다.
"주(周)나라의 향거이선제(鄕擧里選制)가 변하여 진사시(進士試)의 제도가 시행되면서 선비들이 모두 실제의 행실을 돌아보지 않은 채 오로지 문사(文詞)만을 숭상하였다. 그리하여 글을 보내어 자신의 재주를 자랑하면서 유사(有司)에게 자신을 써 주기를 구하였다. 이에 조정에서 얻은 사람은 대부분 홍도(鴻都)에서 자신을 팔기를 좋아하는 무리들이어서, 마침내 선비들의 습속이 거짓스럽게 되고 인재들이 진출하지 못하게 하여 오래도록 인물다운 인물이 나오지 못하게 되고 말았다."   -「순암행장」

향거이선제(鄕擧里選制)는 중국 고대에 인재를 선발하던 방식의 하나로, 향리(鄕里)에서 하는 행실을 보고서 추천하는 방식이다. 이 시기에는 시험공부를 하지 않고 행실에 힘썼다. 그러나 진사 시험을 보게 되자 행실보다 자신을 과시하는 글짓기에 힘쓰게 되었으니, 내실보다 허명이 중요하게 된 것이다.

홍도(鴻都)는 한나라 궁궐의 홍도문(鴻都門)을 가리키는데, 후한 영제(後漢靈帝) 때에 그 안에 학궁(學宮)을 설치하여 온갖 서책을 모아놓고 제생(諸生)을 모집하였다. 척독(尺牘)·사부(詞賦) 등을 가지고 천여 명이나 시험을 보았는데, 당시 그곳에 모인 자는 모두 하찮은 인물들이어서 군자들이 수치로 여겼다는 기록이 『후한서(後漢書)』 권8 「효영제기(孝靈帝紀)」에 보인다. 시험에서는 행실이 아니라 답안지로만 사람을 뽑기 때문이다.

그러다가 소남이 동몽교관에 임명되면서 성호나 소남이 의아하게 생각하였다. 동몽교관은 글자 그대로 어린이를 가르치는 직책인데, 향교에 설치된 교수나 훈도 등의 교관과는 달리 사부학당에 설치된 종9품 임시직이었다.

소남이 안산 스승댁에 다녀온 뒤에 순암에게 편지를 보냈다.

　　며칠 전에 성호(星湖)에 가서 6~7일간 머물다 돌아왔습니다. (선생 댁에 가면) 마치 깊은 바다에 앉아있는 것과도 같아, 아득하기만 해 끝을 모르겠으니 어찌하면 좋겠습니까.

　　선생에게 가르침 받은 것을 백순(百順) 족하가 크게 열어젖혔으니, 우리 당(黨)의 사람들이 깊이 기대하고 있습니다. 나 같은 사람은 선생의 가르침을 하나나 둘도 제대로 받들 수 없는데다

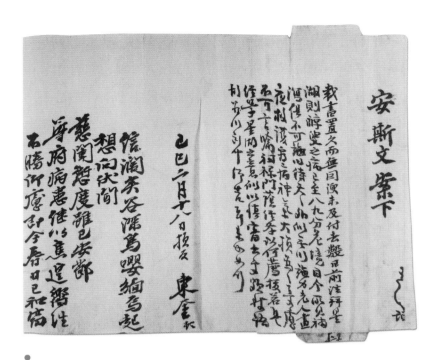

가 이제 늙어가고 있으니 다 끝났습니다.

우리 백순 같은 분은 이제 나이도 한창인데다가 힘도 강하고, 두터운 뜻으로 힘써 공부하니 어느 곳인들 도달하지 못하겠습니까. 오직 바라건대 근본과 실체에 힘쓰고 사리와 인정을 속속들이 밝혀내어, 선생께서 장자(長子)에게 기대하시는 바를 저버리지 않는 것이 어떠할는지 모르겠습니다.

이 편지는 성호를 비롯한 문하의 선후배들이 순암에게 기대가 크니, 우리 기대를 저버리지 말아달라고 당부하는 내용뿐이다. 행간에 완곡한 뜻이 비칠 뿐이었는데, 이 봉투에는 나중에 쓴 편지가 한 장 더 들어 있다.

편지를 써 놓은 지 오래되었지만 인편이 없어서 미처 부치지 못했습니다. 며칠 전에 성호 댁에 가서 뵈었는데, 순수(醇叟)의 병이 이미 팔구분 위험한 지경에 들어, 제가 지금 보기로는 보사(補瀉)를 모두 시술할 수가 없습니다. 천명을 기다리는 것 밖에는 달리 힘을 쓸 수가 없는 것 같습니다.

노인께서 밤낮으로 구호하고 간병하느라고 신기(神氣)가 크게 손상되어 염려스러우니, 무어라 말할 수가 없습니다.

사록(祠祿)을 얻은 것이 문음(門蔭)과 경학(經學) 가운데 어느 쪽으로 천거(薦擧)되었는지요? 경학으로 천거되었다면 성호 선생의 뜻은 출처(出處)를 삼가 살피라는 뜻으로 많이 말씀하셨습니다. 그러므로 제가 들은 바를 우러러 아뢰올 뿐이니, 어떻게 생각하실는지 모르겠습니다.

순수(醇叟)는 성호의 맏아들인 이맹휴(1713~1751)의 자이다. 1742년 춘당대 정시에서 장원급제하고, 1745년에 만경현령에 부임하여 치적을 남겼지만, 병이 깊어져 성호에 돌아와 누워있었다.

보사(補瀉)는 한의학에서 환자를 치료하는 방법인 '온량보사(溫凉補瀉)'를 가리킨다. 온은 몸이 차가운 환자에게 따뜻한 처방을 하는 것이고, 양은 열이 많은 환자에게 차가운 처방을 하는 것이고, 보는 원기를 보충하여 병을 고치는 것이고, 사는 설사를 시켜 병을 고치는 것이다. 여기서는 어느 방법도 쓸 수 없을 정도로 병이 깊

어졌다는 뜻이다

사록이란 송나라의 벼슬인데, 관직을 그만둘 노령자들에게 도
교 궁관(道教宮觀)을 관리시키되, 실제의 사무는 맡기지 않고 이름
만을 빌려 관료의 봉록을 받게 한 제도이다. 왕안석이 신법에 반대
하는 나이든 관료들을 현직에서 물러나게 하기 위해 사록의 정원
을 거의 무제한으로 확대시켰다. 일하지 않고 녹봉만 받는, 떳떳치
않은 벼슬이다.

순암은 과거시험에 합격한 적이 없었으므로, 소남은 조상의 덕
을 보는 문음(門蔭)인지, 자신의 학행으로 천거받는 경학(經學)인지
를 물었다. 이 질문 속에는 아직 경학으로 천거받을 만한 학문이
아니니 출처를 삼가라는 뜻이 감춰져 있다.

순암이 곧바로 답장을 보내왔다.

정복은 과문(科文)을 익히지 못했을 뿐만 아니라 병까지 안고
있어서, 과거 응시는 겨를이 없어 늘 빠뜨려 왔었습니다. 그런데
이 때문에 오히려 실공(實工)이 있다는 헛소문이 점점 퍼진 나
머지, 실상과 다른 비난을 늘 받고 있습니다. 이러한 형편에 또
알고 지내는 한두 사람이 당로자(當路者)들 앞에서 저를 치켜 세
워 일명(一命)의 제수를 받게 만드니, 부끄럽고 두려운 마음 이
루 형언할 길이 없습니다.

지난날 동몽교관(童蒙教官)에 임명되었던 것은 경학(經學)으로
물망에 올랐고 이번에 침랑(寢郎 참봉)에 제수된 것은 선음(先蔭)
으로 물망에 올랐으니, 전자의 경우 그럴만한 내실이 없고, 후자
의 경우 차례가 아니라서 두 번 다 함부로 나갈 수 없었습니다.

접때 제목(除目)이 처음 왔을 때 무슨 명목으로 추천하고 뽑았는지를 몰랐습니다. 만약 또 경학으로 물망에 올렸다면, 나가자니 분수도 모른다는 혐의가 있고, 물러나자니 실상과 다른 놀림을 받게 되어, 실로 난처한 점이 있기에, 장석(丈席)과 집사(執事)에게 그 사실을 여쭙고 최선의 방책을 찾아보려 했습니다.

그런데 뒤에 들으니 문음(門蔭)으로 뽑혔다고 했습니다. 그렇다면 거취(去就)의 형적(形迹)에 혐의쩍을 것이 없고 오히려 혐의를 피할 단서가 있기에 한정된 임기나 채우고 물러나기로 하고, 다시 말씀드리지 않았습니다. (줄임)

지금 장석(丈席)의 답서에, 『소학』을 보라고 권하셨기에 오늘 아침부터 읽기 시작하여 가르침을 받아들일 바탕을 마련하고 있습니다.

소남이 순암에게 『소학』을 읽으라고 권한 시기가 바로 이때인 것을 보면, 출처를 삼가라는 뜻이 숨어 있음을 알 수 있다.

순암은 물론 성호에게도 간단한 편지를 보내 사연을 아뢰었다. 성호는 증조부가 좌찬성(종1품), 아버지가 대사헌(종2품)을 지낸 권문세가의 자제였으므로 초년에는 자연스럽게 과거시험 공부를 하였는데, 25세에 책문(策問)으로 초시에 입격하였으나 녹명(錄名)이 규식에 어긋나 회시(會試)에 응시하지 못했다.

게다가 이듬해에는 둘째 형 이잠(李潛)이 "전후좌우에서 춘궁(春宮 뒷날의 경종)에게 칼날을 들이댄다."라고 하며 세자 보호를 역설하고 조정의 신하들을 악역(惡逆)으로 지목하였다가 국문받던 도중에 죽었다. 성호는 이때부터 근신하며 과거 공부를 포기하고 셋째 형 옥동(玉洞) 이서(李漵)와 종형 소은(素隱) 이진(李瀷)의 문하에서 공부하면서 학문하는 방법을 익혔다. 성호가 순암에게 출처를 삼가라고 하는 권면은 뼈저린 체험에서 나온 말이었다.

경학으로 말하자면 그럴 만한 실상이 없고, 문음으로 말한다면 서차(序次)가 틀렸기에 전후 두 차례의 제수에 모두 무작정 나갈 수 없는 입장이었습니다. 혹자는 말하기를, 이조(吏曹)에 소지를 올려 "서차가 틀렸기 때문에 출사하지 않는다"는 사유를 밝히라고 하지만, 이 역시 도리어 혐의스러운 일이기에, "기한이 차면 스스로 그만두어야겠다"고 생각하고 있을 뿐입니다. 그러나 이유 없이 오는 복은 기쁜 일이 아니라 두려운 일이니, 뒤에 이런 일이 또 있으면 어떻게 대처해야 할 것인지 모르겠습니다.

윤 장(尹丈)의 서찰을 보니 선생님께서, "경학으로 물망에 올랐다면, 출처거취를 신중히 살펴서 해야 한다."고 하셨다기에, 감히 아울러 말씀드립니다. 이만 줄입니다.

순암의 관직 취임에 대한 성호학파 사제간의 이러한 권면이 「순암연보」에는 이렇게 정리되어 있다.

○ 3월에 동몽교관(童蒙教官)의 마지막 의망(擬望)에 들다.
이때 선생에 대한 아름다운 소문이 날로 퍼져 나갔으므로 이러한 정관(政官)의 의망이 있게 된 것이다.
○ 5월에 후릉 참봉(厚陵參奉)에 제수되었으나 부임하지 않다.

동몽교관의 의망에 들었을 때 경학(經學)으로 현주(懸註)하였
는데, 정관이 혹 선생이 부임하지 않을까 염려하여 또 훈신(勳
臣)의 자손이라고 현주하였다. 이때 참판공이 살아 있었으므로
선생은 차서를 잃는 것을 혐의하여 부임하지 않았다.

순암이 『동사강목』 같은 저술을 남기고 소남과 함께 성호의 저
술을 집대성할 수 있었던 배경에는 이같이 출처를 삼가 학문에 힘
쓰라는 소남의 권면이 있었기에 가능하였다. 소남은 자신만 가난
을 즐기며 학문에 힘쓴 것이 아니라 후배들에게도 명분 없는 벼슬
을 삼가게 하였다.

예를 지키며 준비한 죽음

소남은 중년에 이따금 마포나 용산에도 두어 달씩 머물러 살다
가 인천으로 돌아왔다. 만년에는 어렸을 적 살던 용산의 옛 동네로
돌아와 살면서, 용호(龍湖)라는 호도 사용하였다. 후배들과 주고받
은 편지를 보면 77세부터 주소가 용산으로 되어 있는데, 이 동안에
도 성호학파 후배들과 부지런히 학문 교류를 하였다.

안정복은 소남 행장에서 "마을 앞에 큰 강이 흘러 강산의 경치
가 매우 아름다웠다. 때로는 지팡이를 짚고 거닐기도 하여 공자의
제자 증점이 '무우단(舞雩壇)에 바람 쐬고 시를 읊으며 돌아오는
뜻'을 가졌고, 수레와 사람이 복잡한 시장거리에 살면서도 조금도
속세에 오염되지 않고 시원한 청풍(淸風)의 기상이 있었다."고 하

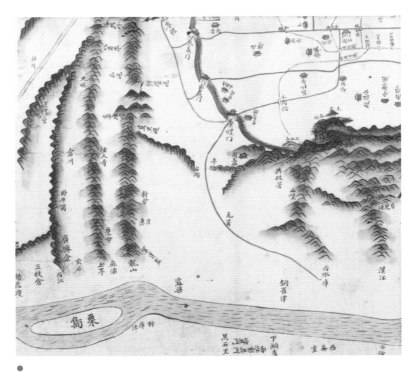

●
『해동지도』에 용산과 마포를 가까이 붙여서 그려, 지금의 용산구나 마포구와 달리 마포가 용산방의 한 동네였음을 보여준다.

였다. 아침저녁에 일어나 앉아 성현의 가르침을 외우며 '즐거워 걱정을 잊은 채' 일생을 마치려는 뜻을 가지고 살았다.

말년에 2년쯤 살았던 용산은 구체적으로 지금의 마포구 도화동(桃花洞)이다. 소남이 세상을 떠나자 손자 윤신이 호주를 상속하여 호구단자(戶口單子)를 새로 작성하였는데, 제목이 「건륭 39년 월 일 한성부」이다. 건륭 39년은 1774년이니, 소남이 1773년 8월에 세상을 떠나자 장례를 마친 이듬해에 호주를 상속한 것이다.

이 호구단자에 주소가 "한성부 용산방 도화동 제○통 제1호"로

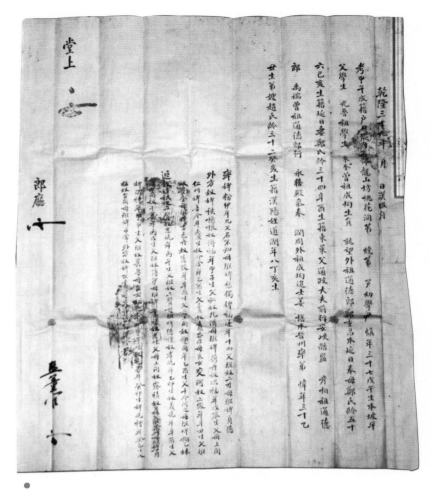

상속 직후의 윤신 호구단자

되어 있는데, 한성부 서부 용산방 첫 동네가 바로 마포계(麻浦契)
다. 마을 앞에 흘렀다는 큰 강은 물론 한강이다. 아들 광로가 일찍
세상을 떠났으므로, 손자 윤신이 소남을 모시고 함께 살다가 호주
를 상속하였다. 윤신은 용산의 집뿐만 아니라 교하, 양근, 인천 등

지에 흩어져 있는 농장과 외거(外居) 노비(奴婢)들도 모두 상속받아, 그의 호구단자에는 수십 명의 노비 이름도 함께 올라 있다.

소남은 79세 되던 1773년 6, 7월에 체증과 설사 증세로 병석에 누웠다. 한 달이 지나도록 침상에 누워 지내면서도 『맹자(孟子)』 전질을 반복해 읽었다. 「이루편(離婁篇)」의 '군자가 도에 깊이 나아간다(深造之道)'는 대문에 이르자 곁에 모시고 있는 사람에게 "학문하는 방도는 마땅히 이같아야 한다."고 당부하였다.

병이 위독할 때 제자 이제임(李齊任)이 "학문하는 공부 가운데 종신토록 행할 만한 것이 있습니까."라고 묻자, 소남이 이렇게 가르쳤다.

"공경으로 마음을 정직하게 하고[敬以直內] 의리로 행실을 방정하게 하며[義以方外] 학문을 널리 배우고 뜻을 독실히 하며[博學篤志] 절실히 묻고 가까이 생각하며[切問近思] 예로 행하고 겸손하게 드러내라.[禮行遜出] 이외에 다른 것이 없다."

퇴계(退溪)의 자명(自銘)을 외우며 사람들에게 이르기를, "이 글이 실로 내가 평소에 좋아한 바이다."라고 하였다.

자손이 유교(遺敎)를 청하자 이렇게 대답하였다.

"나는 평생에 입고 먹는 것을 가지고 남에게 구차스럽게 말한 적이 없으니, 스스로 귀신에게 물어봐도 의심할 게 없다. 너희들은 그렇게 알아 두어라."

당시 남인의 영수였던 판서 채제공(蔡濟恭)이 소남의 병이 위급하다는 말을 듣고 인삼(人蔘)을 보냈는데 소남이 이렇게 말하였다.

"나는 한 번도 이 약을 먹어본 적이 없다. 나의 생사가 어찌 이것을 먹고 안 먹고에 달려 있겠느냐. 보내준 뜻은 감사하지만 먹고

싫지 않다."

그리고 돌려보내도록 하였다. 사양하고 받는 예절이 임종할 때에도 이처럼 의리에 맞았다.

후손들은 벼슬길에 나서지 않았던 윤동규를 영의정까지 오른 채제공이 어떻게 알고 인삼을 보냈는지 궁금하게 여겼는데, 이는 성호학파의 학맥에서 설명된다.

채제공은 성호를 사숙한 제자이다. 성호가 세상을 떠나자 채제공이 묘갈명을 지었는데, 이 글에서 자신이 성호를 처음 만난 날을 이렇게 회상하였다.

제공이 예전에 경기도 관찰사로 부임하였을 때에 부·군·현 (府郡縣)들을 순행하다가 길을 돌아서 첨성리 댁으로 선생을 찾아뵈었다. 선생의 그때 연세가 81세였는데, 처마가 나지막한 낡은 집에 단정히 앉아 계셨다. 눈빛이 형형하여 쏘아보는 듯하였고, 성긴 수염이 허리띠까지 드리워졌다.

절하기 전에 이미 숙연해져 공경하는 마음이 일어났으며, 가까이 다가가서 뵈니 화락하고 너그러우셨다. 경전(經傳)을 담론하실 때는 고금을 넘나들며 말씀하시어 여태껏 듣지 못한 말씀을 들을 수 있었다. 다만 한스럽게도 세상사에 쫓기다 보니 가시는 적막한 길에 정성스레 향화(香花)도 한 번 올리지 못하였다.

이 글을 보면 채제공은 성호를 한번 만났을 뿐인데도 묘갈명을 지었다. 그러려면 당연히 성호의 생애와 학문을 자세하게 기록한 가장(家狀)을 참조하여 지어야 한다. 채제공은 이 묘갈명에서 그러한 과정을 이렇게 설명하였다.

> 그런데 삼십 년이 지난 지금 선생의 종손인 처사군(處士君) 삼환(森煥)이 소매에 가장(家狀)을 넣어 가지고 와서 나에게 묘갈명을 부탁하였다. 나는 그저 늙은이일 뿐이니 어찌 도(道)가 있는 기상을 잘 형용할 수 있겠는가. 다만 생각건대, 오도(吾道)는 원래 통서(統緒)가 있으니, 퇴계는 우리 동국의 부자(夫子)이다. 그 도를 한강(寒岡 정구(鄭逑))에게 전했고 한강은 그 도를 미수(眉叟 허목(許穆))에게 전했으며, 선생은 미수를 사숙(私淑)한 분이다. 미수를 배워 퇴계의 도통을 접맥하였으니, 후대의 학자는 사문(斯文)이 대대로 도통을 계승하여 속일 수 없는 점이 있다는 것을 안 연후에 지향점을 잃어버리지 않을 수 있을 것이다. 이런 내용으로 선생의 명을 지어도 되겠느냐고 하자, 처사군이 말하기를, "그 말이 요체를 얻어 번다하지 않으니, 선생을 잘 아십니다." 하였다. 마침내 옷깃을 여미고 명을 지었으니, 명은 다음과 같다.

채제공이 삼십여 년 전에 한 번 만나고도 성호의 묘갈명을 지을 수 있었던 것은 성호의 종손(從孫)인 이삼환이 가장(家狀)을 전해준 덕분인데, 이삼환이 가지고 갔던 행장이 바로 윤동규가 지은 것이다. 그래서 채제공은 성호의 맏제자가 윤동규인 것을 알게 되었다. 이병휴의 묘지, 윤동규의 행장, 채제공의 묘갈명은 뒷날 함께 편집되어 『성호징사묘지(星湖徵士墓誌)』라는 단행본으로 전해진다.

채제공은 성호의 묘갈명에서 퇴계의 가르침이 한강(寒岡 정구)

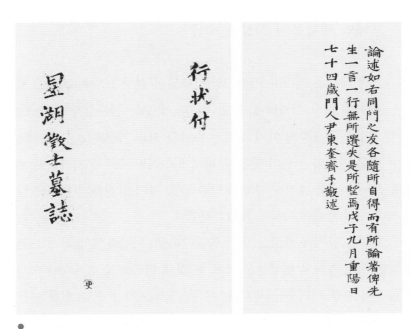

論述如右同門之友各隨所自得而有所論著俾先
生一言一行無所遺失是所望焉戊子九月重陽日
七十四歲門人尹東奎齋手敬述

行狀附

昱湖徵士墓誌

更

이병휴 윤동규 채제공이 지은 글 3편을 편집한 『성호징사묘지』 표지와 소남이 지은 행장

에게 전해졌고, 한강은 그 도를 미수(眉叟 허목)에게 전했으며, 성
호는 미수를 사숙하여 퇴계의 도통을 접맥하였다고 설명하였다.
미수를 통하여 자신과 성호가 모두 퇴계의 학맥임을 입증하였는
데, 성호의 학문을 집대성한 윤동규가 노환으로 눕게 되자 선배에
대한 예의로 인삼을 보낸 것이다.

8월 7일에 정침에서 별세할 때에도 정신이 또렷하여 명정(銘旌)
에 '소남촌인(邵南村人)'이라 쓰도록 유언하였는데, 학자들이 '소남
선생(邵南先生)'이라 불렀다. 마지막 두 해를 용산에서 살고 후배들
도 봉투에 '용호(龍湖)'라고 주소를 써서 편지를 보냈지만, 소남 자
신은 끝까지 소성현 남촌 사람임을 자부했던 것이다.

후배와 제자들이 회상한 소남

그가 세상을 떠나자 10월 9일에 소남이 살던 도남촌(道南村) 뒷산 술좌(戌坐)의 산자락에 장사 지냈다. 유교는 관혼상제(冠婚喪祭)의 예법을 중요하게 여겨 성호와 소남의 저술 가운데도 상제(喪祭)에 관한 편지와 논설이 많은데, 이때에도 여러 후배와 제자들이 제문, 만사, 행장, 묘지명 등의 다양한 글을 지어 자신들의 슬픔을 달래며 그의 생애와 학문을 재평가하였다.

제문은 친지가 세상을 떠나 슬픈 자신의 마음을 절실하게 표현하면서도, 망자의 한평생도 종이 한 장에 함축해서 평가해야 하기 때문에 가장 어려운 문체이다. 이 두 가지를 가장 잘 표현한 제문은 역시 그를 가장 잘 알아준 안정복이 지은 제문이다.

●
인천 남동구 도림동에 있던 소남 묘지. 이 자리에 아파트가 들어서면서 2004년 3월 21일 부여 문중묘역으로 이장하였다.

8월 10일에 한정운이 편지를 보내왔는데 공의 부고(訃告)가 그 안에 들어 있었습니다. 놀라 소리지르며 비탄스러운 마음을 진정시키지 못하다가 마침내 자식과 더불어 가숙(家塾)에다 자리를 펴고 서쪽을 바라보며 길이 슬퍼하니 눈물이 하염없이 흐릅니다.

아! 애통합니다. 진사(辰巳)의 해를 당하여 철인(哲人)이 돌아가셨으니, 나를 알아주고 나를 사랑해 줄 사람이 다시 누가 있겠습니까. 아아! 통곡하고 통곡합니다.

우리 성호 선생은 학문이 끊어진 즈음에 태어나셔서 낙건(洛建 정자와 주돈이)을 우러러 사모하고 도산(陶山 퇴계)을 사숙하여 육경(六經) 속의 남긴 뜻을 뽑아내어 전유(前儒)들이 드러내지 못한 것을 드러내셨는데, 하늘까지 통한 학문과 옛날을 꿰뚫은 식견은 동방이 있은 이래로 많지 않았습니다.

(소남)공이 일찍이 문하에 들어가 친히 가르침을 받기를 더욱 간절히 하고, 스승의 가르침을 돈독히 믿어 깊이 새기고 실천하기를 게을리 아니하였습니다. 그리하여 인(仁)으로 가다듬고 의(義)로 연마하여 도(道)가 서고 덕(德)이 온전하게 되었습니다. 만년에 이르러 지조와 실천이 더욱 굳건해져 비록 초가집에서 굶주리더라도 그 즐거움을 바꾸지 않았고, 비록 흔들리는 세상에 섞여 살더라도 그 지조를 바꾸지 않았습니다. 옛사람에게 견준다면 실로 공문(孔門)의 안자(顔子)와 동한(東漢) 때의 행실이 독실했던 선비들에게도 부끄러움이 없을 것입니다.

공은 현달하지 못하고 필부에 머물러 이렇다 할 명위(名位)가 없었으나 소문을 듣고 종유(從遊)한 후진(後進)이 없지 않았는데, 말하고 듣는 것만 숭상하고 실천이 없는 이를 보면 반드시 일상적으로 쓰는 상도(常道)를 힘쓰도록 타일렀습니다. 새로운 뜻을 찾아내는 데만 힘쓰고 옛 학설을 어기는 사람을 보면 반드시 선유(先儒)들이 이룬 가르침을 따르도록 훈계하였습니다.

공의 학문은 없어서는 안 될 포백(布帛)이나 속숙(粟菽)과 같아, 백세에 전하여도 폐단이 없을 만합니다. 성호 선생은 앎으로써 나아가 고명하고 광대한 지경에 이르셨는데, 공은 행실을 힘씀으로써 빛나고 독실한 경지에까지 이르기를 기약하였습니다. 성호 선생의 문(門)이 공을 얻음으로 해서 도(道)가 더욱 밝아졌으니 지극하고 성대합니다. (줄임)

아! 성호 선생의 도(道)는 공이 그 종지(宗旨)를 얻었고, 가학(家學)의 연원은 경협(景協 이병휴)에 이르러 성하였습니다. 나는 천성이 비루하고 어리석은데다 고질병까지 앓아 세상에서 버려졌으므로 오직 그 사이에 끼어서 이룬 법(法)을 즐거이 보려고 하였는데, 공이 이제 가 버렸으니 맹세코 경협과 후배 한두 사람과 더불어 선생의 유문(遺文)을 보존하면서 말년의 절개를 더욱 가다듬어 이승에서 몸을 닦아 허물을 줄임으로써 우리 선생과 공이 기대하던 지극한 뜻을 저버림이 없게 하고자 합니다. 그러나 병이 그 뜻을 얽어매고 일이 마음대로 되지 않아 허물과 뉘우침은 산같이 쌓이고 지극한 도(道)는 궁구하기 어렵습니다.

오직 공이 저를 가련히 여기고 보살펴 저승에서의 만남이 만약 인간 세상과 같다면, 사제지간에 이러한 뜻을 아뢰어 남모르게 보호해 줌이 있기를 바랍니다. 글을 봉하여 대신 아뢰니 비통함이 더욱 간절합니다. 공의 영령이 가까이 계시어 이 조그만

정성을 살펴주시리라 생각합니다.

　제자 한정운이 전한 부고를 받고, 앞부분에서 선배를 잃은 슬픔과 아픔을 처절하게 토로하더니, 곧바로 성호의 학맥이 소남을 통하여 자신에게 이어졌음을 고백하고, 후배들에게 스승다웠던 그의 학자적 태도를 회상하고, 성호의 학문을 후배들과 함께 집대성하겠다고 다짐하였다. "그 사이"란 "윤동규와 이병휴의 사이"인데, 이제는 자신이 이병휴와 사이를 만들어서 후배들에게 울타리를 만들어 주어야 할 처지가 된 것이다. 저승에서 성호와 소남이 후학들을 보살펴 달라는 부탁에서 세상을 떠난 뒤에도 끊어지지 않는 성호학파의 따뜻한 교류가 엿보인다.

　안정복도 늙고 병이 들어 장례에 직접 가지 못하고 이 제문을 아들 안경증에게 맡겨서 소남의 영전에 보냈다. 소남의 제자이기도 한 안경증도 제문을 지어 바쳤는데, 이 제문에서는 소남이 성호를 존경하던 마음 그대로 소남을 존경했던 그의 마음이 보인다.

　　지난 계미년(1763)에 성호 선생께서 갑자기 세상을 떠나시자, 선생께서 이렇게 제문을 지어서 곡하셨습니다.

　　"하늘은 어찌하여 선생에게 발군의 영특한 재주와 심오하고 광대한 학문을 부여해 놓고도, 타고난 수(壽)만 편안히 다 누리게 하는 것으로 그쳤단 말입니까. 그리하여 의(義)를 행하고 도(道)를 행하려는 뜻으로 하여금 가려서 펴지 못하고 막혀서 시행되지 못하게 하였으니, 소자가 크나큰 천지에 오히려 서운한 마음이 없을 수 없습니다."

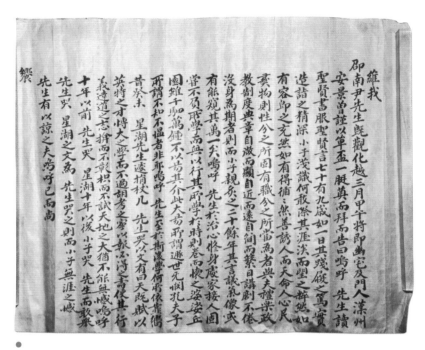

안경증의 제문. 소남이 성호에게 바쳤던 제문을 인용하여 지었다.

오호라! 십 년 이전에 선생께서 성호를 곡하셨는데, 십 년 이
후에 소자가 선생을 곡하면서 감히 선생께서 성호를 곡하신 문
장을 가져다가 선생을 곡하옵니다. 소자의 끝없는 서글픔을 선
생께서는 아시리이다. 오호라! 흠향하소서.

昔癸未, 星湖先生遽捐杖几, 先生哭以文有曰, 天胡賦先生以挺
拔英特之才, 邃古博大之學, 而不過胡考之寧, 以報必得之壽, 使
其行義達道之志, 掩而不暢, 枳而不試, (并與不可傳者, 齎之以歿,
而小子亦於)天地之大, 猶不能無憾.

嗚呼! 十年以前, 先生哭星湖, 十年以後, 小子哭先生, 以敢擧先

生哭星湖之文, 爲先生哭之, 則而小子無涯之憾. 先生有以諒之夫,
嗚呼已而, 尙饗.

안경증은 소남이 성호에게 바쳤던 제문에서 앞의 한 구절만 삭
제하고 인용하여 자신의 슬픔과 존경하는 마음을 표현하였다. 자
신의 스승 소남이 성호를 존경하는 만큼 자신도 소남을 존경한다
는 뜻을 가장 정확하게 표현한 것이다. 그가 삭제한 부분은 "소자
(小子)가 주제넘게 사시(私諡)를 논한다면, 문정(文靖)이라고 해야
합니다.[惟小子僭妄, 以爲若論私諡, 有曰文靖.]"라는 내용이다. 시호는

안정복이 두 번째 지은 제문

조정에서 망자의 평생 공적을 평가하여 왕이 내리는 것이므로, 사적으로 시호를 지어 바칠 수는 없다고 생각했을 것이다.

안정복은 병이 좀 낫자 이듬해인 1774년 5월 11일 도남촌 묘소에 찾아와 제수(祭需)를 차리고 술 한 잔을 올리며 다시 제문을 바쳤다. "소남 윤 선생 영궤(靈几)"에 바친 이 제문에서 소남에 대한 슬픔과 사랑을 되새겼다.

소남의 문집을 편집하고 행장이나 비문을 짓는 모든 절차를 손자이자 제자인 윤신(尹愼)이 주관했는데, 윤신은 소남을 가장 가까이서 모셨던 제자 권귀언(權龜彦)에게 행장 초고를 짓게 한 다음, 그 초고를 가지고 안정복을 찾아와 행장을 지어 달라고 부탁하였다.

당대 최고의 학자이자, 소남을 가장 잘 아는 인물이 바로 순암 안정복이었다. 74세 되던 안정복은 이 초고를 바탕으로 자신이 가까이에서 30년 동안 모셨던 선배 소남의 행적과 학문, 인품을 15면이나 되는 장문의 행장으로 지었다.

손자 윤신이 편집한 소남의 문집은 표제가 『소남선생유집초(邵南先生遺集草)』, 권수제가 『소남선생문집』으로 되어 있는데, 분량이 13권이나 될 정도로 방대하다. 그러나 아직 간행되지 못하고 필사본으로만 남아 있다. 다른 문인들의 문집 경우에는 조문객들이 지어온 제문도 부록에 편집하는데, 소남 종가에는 몇십 편의 제문들이 정리되지 않은 채로 남아 있다.

당대 제자들이 소남에 관한 글을 많이 지었는데, 이러한 글들까지 수집하여 정리하고 번역 출판되어야 소남의 관계망이 확인되고 학문이 널리 알려져, 그때부터 소남에 대한 본격적인 평가와 연구가 시작될 것이다.

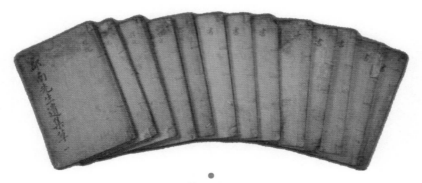

종가 소장 『소남선생문집』 13책

유물분류표에 "0368 제문 일괄"이라고 쓰여 있다.

2장

성호 문하에 들어가
학문하다

비 개인 뒤의 화창한 바람과
맑은 달 같았던 학자

소남은 어린 나이에 이미 선조 윤지임의 유언을 따라 벼슬길을 단념하고 학문에 뜻을 두었으므로, 도(道)를 지닌 스승 성호에게 18세에 귀의하였다. 성호는 "그의 지조가 견실하고 견해가 명석한 것을 사랑하여" "우리의 도(道)가 의탁할 곳이 있게 되었다."고 하였다. 학자적인 자질과 사람됨을 가지고 일찍이 자신의 후계자로 인정한 것이다.

소남이 입문한 뒤에 안정복이 들어오기까지 34년이 걸렸으니, 그 이전에는 학파라고 할만한 제자가 많지 않았다. 소남이 학자로 커 가면서 성호도 대학자가 되었고, 이 두 사람에 의해서 학파가 시작된 것이다.

1744년에 성호가 병이 위급해지자 소남을 불러 생전의 유언을 일러주었는데, 도를 전하는 책임을 당부한 것을 보면 성호가 소남을 얼마나 신뢰했는지 알 수 있다.

안정복은 1746년에 성호를 처음 만나 제자가 되었는데, 성호가 당대의 인물에 대해서 이렇게 말하였다.

> 송나라 때 선비들이 "윤화정(尹和靖)은 육경(六經)의 말을 자기 말 외우듯이 한다"고 칭찬하였는데, 오늘날 윤동규는 참으로 이 말에 부끄럽지 않다.

화정은 정이(程頤)의 문인인 윤돈(尹焞)의 호인데, 이 이야기는 주희(朱熹)가 범중보(范仲黼)에게 답한 편지에서 나왔다. "윤화정(尹和靖)의 문인이 그 스승을 찬(贊)하기를, '큰 성인(聖人)의 가르침과 육경(六經)의 편(編)을 귀와 마음에 익숙하게 하여 자기의 말을 외우듯 하였다.' 했으니, 모름지기 이런 지경에 이르러야 비로소 글을 읽은 사람인 것이다."

윤화정이 단순하게 육경의 말을 외운 것은 아니다. 주희가 『대학장구(大學章句)』의 「독대학법(讀大學法)」에서 윤화정의 독서법을 이렇게 설명하였다. "옛날에 윤화정은 이천(伊川)을 만나보고 나서 반년 만에야 비로소 『대학』과 「서명(西銘)」의 글을 볼 수 있었는데, 지금 사람들은 반년 동안에 많은 책을 읽으려고 한다.[昔尹和靖見伊川 半年方得大學西銘看 今人半年要讀多少書]" 성호가 안정복에게 소남을 평한 말은 그가 이러한 독서를 통하여 육경을 자신의 말로 체화했다는 뜻이기도 하다.

성호는 이 자리에서 순암에게 소남을 당대 최고의 『태현경』 학자로 꼽았다.

명나라 선비 몇몇 사람은 양웅(楊雄)의 『태현경(太玄經)』에 대해서 "『태현경』의 원본은 세상 사람들이 이해하기 어렵다."고 하였는데 윤동규는 한 번 보고서 환히 알고 그 취지를 설명하였으니 지금 시대에 이치를 연구하는 학자 가운데 그보다 앞서는 사람이 없다.

『태현경』은 한나라 양웅이 지은 역서이다. 『주역』에 비겨 우주 만물의 근원을 논하고, 『주역』의 음양 이원론을 대신하여 시(始)·

중(中)·종(終)의 삼원론으로 설명하였으며, 역법을 가미하였다. 한 대의 역학(易學)은 음양2기(陰陽二氣)의 결합운동을 상징적인 형상의 변화로 표시하였으나, 『태현경』에서는 다시 도가의 도(道)의 관념을 빌어서 현(玄)이라 명명하고, 그것을 2기(二氣)의 통일체로 상정하였다. 이 현(玄)이 만물로 전개해 가는 양상을 세 가지의 상징적인 부호(符號)로 조합하여 표현한 것이다.

『태현경』은 육조(六朝) 도가사상의 선구라고 할 수 있지만, 너무나 난해한 책이어서 전통적인 조선시대 성리학자들은 큰 관심을 가지지 않았다. 한나라 당대에 이미 유흠(劉歆)이 『태현경』을 보고서 양웅이 쓸데없이 고생한다고 희롱하며 말하였다. "세상의 학자들이 『주역』도 제대로 모르는데 어떻게 또 『태현경』을 알겠는가. 후세 사람들이 간장 항아리 덮개로나 쓰지 않을지 걱정된다.[吾恐後人用覆醬瓿也]"

성호에게서 소남이 『태현경』에 조예가 깊다는 말을 들은 순암은 소남에게 몇 차례 편지를 보내어 질문하였다. 소남은 세상을 떠나던 해까지 『태현경』을 연구하여, 마지막 편지에서 그 결과를 순암에게 편지로 전하였다. 순암이 소남의 행장에서 그 연구 결과를 이렇게 요약하였다.

계사년(1773) 여름에 또 나에게 편지를 보내어 논하였다.
"『태현경』 및 『한서(漢書)』의 오행지의(五行志疑)와 하도낙서설(河圖洛書說)은 후대의 구양공(歐陽公)의 말에서 나온 것이니 이러한 것을 생각해 봐야 하고, 주염계(周濂溪)의 『태극도설(太極圖說)』도 『태현경』 현리편(玄攡篇)의 문장을 인습한 것이다."

"하도(河圖)·낙서(洛書)의 본수(本數), 선천(先天)의 괘기(卦氣), 경방(京房)의 벽괘(辟卦)와 감여술가(堪輿術家)의 분금(分金)·성도(星度)·납갑(納甲) 등이 모두『태현경』에서 나온 것이니, 아마도 양웅(揚雄)·엄장(嚴莊)·경방(京房)의 제자들이 각자 전수받았고, 또 오계(五季) 시대에 이르러서는 마의도사(麻衣道士)·진도남(陳圖南)의 무리들이 서로 부연하여 그렇게 된 듯하다."

우매한 내가 미처 회답을 올리지 못했으나, 그 말이 착착 맞았으니 이전 사람이 발명하지 못한 것을 발명했다고 이를 만한 것이다. 아! 훌륭하도다.

소남이 세상을 떠나 이듬해 인천 선영(先塋)에서 장례를 지내게 되자, 병이 든 안정복은 달려가 보지 못하고 향촉(香燭)과 포(脯), 과실 등의 제물을 마련하여 아들 경증(景曾)으로 하여금 대신 올리게 하였다. 그는 광주에서 곡하며 제문(祭文)을 지어 못다 한 질문을 털어놓았다.

올봄에 편지 한 통을 보내어『계몽도서해의(啓蒙圖書解義)』가 반고(班固)의『한서(漢書) 예문지(藝文志)』와 양웅의『태현경』에 근본하고 있음을 논하고, 또 시초를 뽑는 법[揲蓍法]과 채침(蔡沈)이 풀이한 홍범(洪範)의 뜻을 말하면서 제가(諸家)의 설을 절충하여 하나로 통일하셨는데, 그 말이 천 마디나 되어 끝이 없이 이어졌습니다.

정복이 받들어 읽고는 감격스럽고 기뻐 다시 여쭙고자 하면서도 여름과 가을을 그냥 보내고 말았습니다. 8월 10일에 이르러한사응(韓士凝)이 편지를 보내왔는데 공의 부고(訃告)가 그 안에 들어 있었습니다. 놀라 소리지르며 비탄스러운 마음을 진정시키지 못하다가 마침내 자식과 더불어 가숙(家塾)에다 자리를 펴고 서쪽을 바라보며 길이 슬퍼하니 눈물이 하염없이 흐릅니다.

『태현경』을 제목으로 삼아 논한 글은 『성호사설』 외에 장유(張維)의 과작(課作) 「간장 단지 덮개용 책이라는 비평을 해명함[覆醬瓿解]」, 『소남선생문집』에서 「양자의 태현경 여러 편을 읽고 의문점을 기록하다[讀楊子太玄經諸篇記疑]」, 「태현경에 쓰다[書太玄經]」 정도나 보일 뿐, 많이 찾아보기 힘들다.

『태현경』의 내용이 어려워 당시에 외면을 당하였지만, 양웅은 스스로 후세의 자운(子雲 양웅 자신의 자)을 기다린다며 그에 대한 자부심을 버리지 않았다. 남들이 어렵게 여겨 즐겨 읽지 않는 책에 천착하여, 79세로 세상을 떠나던 해까지 후배와 토론하는 모습에서 책을 읽는 목적보다 과정을 중요하게 여겼던 소남의 학자다운 인품을 엿볼 수 있다.

순암이 성호를 처음 뵙는 자리에 성호의 아들 이맹휴(李孟休, 1713~1751)도 함께 있었는

소남 종가에 양웅의 다른 저서 『양자법언(楊子法言)』이 전하고 있다.

데, 그도 또한 안정복에게 이렇게 말하였다.

　　윤 장(尹丈)은 주염계(周濂溪)와 정명도(程明道)의 기상을 지니
　고 있다.

　염계는 주돈이(周敦頤)의 호이고, 명도는 정호(程顥)의 자인데,
맹자 이후 천오백 년 동안 끊어진 도통을 다시 이어준 송나라 학자
들이다.

　송나라 시인 황정견(黃庭堅)이 「염계시서(濂溪詩序)」에서 "용릉
의 주무숙은 인품이 매우 고결하고 가슴속이 깨끗해서, 마치 비 갠
뒤의 화창한 바람과 맑은 달빛 같다.[春陵周茂叔 人品甚高 胸中灑落
如光風霽月]"라고 한 뒤부터, 광풍제월(光風霽月)이 고결한 유학자의
기상으로 비유되었다. 무숙은 주돈이의 자(字)이다.

　주자가 「육선생화상찬(六先生畫像贊)」에서 주돈이의 기상을 "맑
은 바람 밝은 달은 끝없이 펼쳐지고, 뜰 가운데의 풀은 무성히 푸
르렀네.[風月無邊 庭草交翠]"라고 기린 것도 같은 뜻이다

　주자는 또 『이락연원록(伊洛淵源錄)』에서 주광정(朱光庭)의 말을
빌려서 정호의 기상을 전하였다. "주공섬(朱公掞)이 여주(汝州)에
가서 명도(明道) 선생을 만나보고 돌아와서는 사람들에게 '내가 한
달 동안이나 봄바람 속에 앉아 있었다.[在春風中坐了一月]'라고 말했
다." 공섬은 주광정의 자이다.

　한 대바구니의 밥과 한 표주박의 물을 먹으며 누추한 거리에
살면 다른 사람들은 그 근심을 견디지 못하지만, 공자의 제자 안
회(顏回)는 그 즐거움을 고치지 않았다. 주염계가 정명도에게 "안

회가 즐긴 낙(樂)이 무엇인지 참구해 보라"고 하였다. 주염계나 정명도 둘 다 따뜻하고 맑은 기상의 학자들이었으며, 가난을 즐기며 학문하였다.

안정복은 이맹휴의 말을 마음에 새겨 두고는 소남을 한 번 만나고 싶어 하였다. 다음 해에 아들 경증을 인천 도남촌(道南村)에 장가보내는 날, 잔칫집에서 여러 사람들이 떠드는 가운데 처음으로 소남에게 인사하였다. 소남의 풍모가 단정하고 언어가 자상하며 웃는 모습이 뚜렷하고 온화한 기운이 사람에게 엄습하였다고 뒷날 행장에 소개하였다.

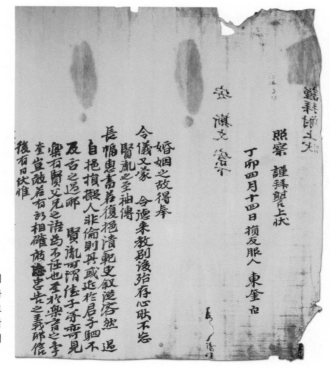

소남이 혼인 자리에서 순암을 처음 만나고 아들까지 제자로 맞이하게 되어 고맙다고 1747년 4월에 쓴 답장.

이맹휴가 주염계와 정명도의 기상을 지녔다고 말한 것이 들어 맞았는데, 소남은 가난을 즐기며 학문하는 것까지도 그들과 닮았다. 그래서 순암이 처음 보고도 덕을 이룬 군자(君子)임을 알 수 있었던 것이다.

안정복의 제자인 황덕길(黃德吉)이「순암선생행장」에서 소남, 이병휴, 안정복의 특성을 차례로 소개하며 이들을 성호학파의 3대 제자로 꼽았다. 대개 소남을 첫손가락에 꼽았는데, 성호의 첫 번째 제자이자, 나이가 가장 많았기 때문이다. 이병휴는 숙부 성호가 세상을 떠난 뒤 문집을 편찬하는 과정에서 자연스럽게 성호학파의 후계자가 되었다.

쉽게 얻을 수 없었던
제자 윤동규

안정복은 성호에게 평생 네 차례를 찾아가 배웠지만, 윤동규는 셀 수 없이 찾아가 며칠씩 머물며 50년을 스승으로 모셨다. 질문하고 토론하며 스승의 원고를 정리하는 것도 공부였지만, 한 방에 마주 앉아 있는 것만으로도 수양이 되었다.

안정복은 스승에게 배운 이야기를「함장록(函丈錄)」이라는 제목으로 기록했는데, 그 첫 단락에서 평생 성호를 만난 날짜까지 기록하였다.

　　병인년(1746) 10월 17일에 처음으로 찾아가서 뵙고 하룻밤을 잔 다음 돌아왔고, 정묘년(1747) 9월 20일에 또 찾아가서 뵙고 하룻밤을 잔 다음에 인사를 드리고 돌아왔다. 무진년(1748) 12월 14일에 또 찾아가서 뵙고 이틀을 묵은 뒤 16일에 작별 인사를 드리고 돌아왔으니, 그간 선생에게서 가르침을 받은 것이 모두 4일이다.

그 뒤 신미년(1751) 7월에 찾아가 병문안을 드렸으나, 마침 종묘의 대향(大享)에 제관으로 차출되었기 때문에 이튿날 바로 돌아오고 말았다.

순암이 소남만큼 자주 찾아가거나 오래 머물며 공부할 수 없었던 까닭은 벼슬하느라고 여러 곳을 옮겨 다녔기 때문이다.

1746년 10월 17일에 안산으로 처음 찾아뵙고 문답으로 하룻밤을 지샌 다음 집으로 돌아오려 하자, 성호가 자신의 대표적인 제자를 이렇게 소개하였다.

"친구 중에는 학문의 진전이 있는 자가 보이지 않고, 아들 맹휴(孟休)가 예학(禮學)에 자못 조예가 있는데, 저가 또한 저술이 있다. 조카 병휴(秉休)가 학문이 밝고 투철하여 젊은이들 중에는 그를 능가할 자가 없다. 그러나 인재가 많지 않은 것이 한탄스럽다."

또 말씀하셨다.

"윤동규가 인천에 살고 있는데, 견해가 명오(明悟)하여 쉽게 얻을 수 없는 사람이다. 옛날에 윤자(尹子)가 육경의 글을 자기 말처럼 외웠다고 하는데, 지금 이 사람은 이를 외울 뿐만 아니라 능히 그 뜻을 이해하고 있다. 다만 가난하여 거의 굶어 죽을 지경인 것이 한탄스럽다."

35세 된 안정복이 성호를 처음 찾아뵙던 날, 성호는 아들 맹휴, 조카 병휴와 함께 소남을 대표적인 제자로 소개하였다. 옛날의 윤자(尹子)는 송나라 학자 윤화정(尹和靖)을 가리키는데, 성이 같은 윤씨였으므로 끌어들여 비유한 것이다. 18세에 첫 제자로 입문해 그때까지 34년 동안 자신의 곁을 지키며 함께 학파를 만들어낸 소남을 '쉽게 얻을 수 없는 사람'이라고 표현하였다.

1) 늘 함께하였던 제자

권귀언이 지은 행장초에 "(소남 선생이) 9세에 (아버지) 생원공(生員公)이 세상을 떠나자, 이 부인(李夫人)이 올바른 도리로 가르치고 길렀으며, 사우(師友)를 택하여 유학시켰다"고 설명하였지만, 용산에 살던 소남이 몇 살에 어떠한 인연으로 안산의 성호를 찾아갔는지 확실한 기록이 보이지 않아 다들 궁금하게 여겼다.

소남이 성호를 몇 살에 처음 찾아뵈었는지에 관해서는 세 가지 기록이 있다. 시기순으로 본다면 소남, 권귀언, 순암 순으로 기록하였으며, 순암이 지은 행장은 권귀언이 지은 행장초를 참조하여 지은 것이다.

> 동규는 선생보다 14년 어린데, 지난 임진년(1712)에 행보(行甫)의 소개로 가르침을 청하였습니다. 東奎之小於先生, 十四歲, 在昔壬辰, 因行甫, 而摳衣.
> — 尹東奎, 「祭星湖先生文 癸未」

(소남 선생이) 18세에 성호 이 선생의 문하에 집지(執贄)하였
다. 十八執贄於星湖李先生之門.   – 權龜彦, 「邵南尹先生行狀」

성호 이 선생은 우리나라에 학문의 연원이 끊어진 마지막에
태어나 경기 지방에서 도(道)를 강론하였는데, (소남) 선생이 제
일 먼저 그분에게 학문을 배웠으니, 바로 선생의 나이가 17세
때인 신묘년(1711)이었다. 星湖李先生生于東方絕學之餘, 講道
於畿甸, 先生首先問學, 卽歲辛卯, 而先生之年十七矣.

       – 安鼎福, 『順菴先生文集』卷26 「邵南先生尹公行狀 乙巳」

소남은 성호의 제문을 세 차례 지었는데, 『성호전집』에는 1764
년에 지은 두 편만 실려 있어서 가장 중요한 이 첫 번째 제문이 널
리 알려지지 못했다. 성호가 세상을 떠난 계미년(1763)에는 소남
이 병으로 누워 있어서 손자 신이 제문을 가지고 와서 문상했으
며, 이 제문에는 다른 제문들과 달리 '계미(癸未)'라는 간지가 밝혀
져 있다.

소남은 이 제문에서 행보(行甫)의 소개로 성호의 제자가 되었다
고 하였다. 행보는 안산에 살던 이정휴(李禎休)의 아들 이경환(李
景煥, 1696~?)의 자이니, 성호에게는 족손(族孫)이 되는 제자이다.
1721년에 증광(增廣) 생원시에 합격하였으며, 그가 가례(家禮)를
질문하여 성호가 답변한 편지가 『성호전집』에 실려 있다. 소남이
1769년 그에게 쓴 답장도 『소남선생문집』에 실려 있지만, 소남을
성호에게 소개하던 시기 이후에는 왕래가 많지 않았던 친구이다.

원문의 '구의(摳衣)'는 옷섶을 치켜올리는 행위인데, 제자가 스

祭星湖先生文 癸未

維歲癸未十二月十七日我星湖李先生易簀之時門人尹東
奎訖不能與扵持體屬纊之際又不能逮扵舍襚殯之間聞
訃哭癘之越五日甲辰敬使孫慎奉香菓之具不辭之文徒慙
扵下室之側而哭我先生志豪而氣邁剛毅
而慈詳高朗疏通洒落炯潔若水盧秋月溫潤煥樂若春風和
氣雖不拘扵小節而大意自明雖不多扵辭扴而庸人甚易其
未得之也憤發烟眸其已得之也樂而忘憂不知老之將至地
貧海涵蠡淑牛毛靡所不究俗學膠固之中箋註一定之外開
出新意發前人未發深造自得使人不得不是則惟小子五十
年來願學而斯不能者也如舉其大者而言則四七之辨堂堂
之論中庸十章之旨孟子井田之制命說正湖之考雖質諸程

소남이 첫 번째 지은 성호 제문에서 17세에 제자가 되었다고 기록하였다.

승에게 나아가 가르침을 청할 때 하는 거동으로 스승에 대한 공경
의 표시이다. 『예기(禮記)』「곡례 상(曲禮上)」에 "어른이 계신 방 안
으로 들어갈 때에는 옷자락을 공손히 치켜들고 실내 구석을 따라

빠른 걸음으로 가서 자리에 앉은 다음에 반드시 조심스럽게 응대해야 한다.[摳衣趨隅 必愼唯諾]"라는 말에서 나온 표현이다.

임진년에 소남은 18세였으므로, 소남의 제자 권귀언도 행장초를 지으면서 18세에 집지(執贄)하였다고 기록하였다. 순암이 지은 행장은 권귀언이 지은 행장초를 바탕으로 하여 지은 것인데, 다른 기록을 참조하여 "17세가 되던 신묘년(1711)"이라고 한 것인지는 확실치 않다. 현재로서는 소남 자신이 '임진년'이라고 간지까지 기록한 18세에 성호의 제자가 되었다고 정해두는 것이 합리적이다.

소남이 성호를 처음 찾아갔을 때에 성호의 나이 31세여서 학자로 이름이 널리 알려지지 않았고, 특별한 제자도 없었다. 성호는 증조부가 좌찬성(종1품), 조부가 사헌부 지평(정5품), 아버지가 대사헌(종2품)을 지낸 명문가의 자제로, 25세에 초시에 합격하였으나 녹명(錄名)하는 방식이 어긋나 회시(會試)에 응시하지 못했다. 26세에 중형 이잠(李潛)이 장희빈을 두둔하는 상소를 올렸다가 국문을 받고 죽게 되자, 이때부터 과거시험 공부를 포기하고 셋째 형 이서와 함께 학문에 정진하였다.

성호가 살던 곳을 흔히 첨성리라고 기록하는데, 『안산읍지』나 지도에 표기된 마을 이름은 점성리(占星里)이다. 『안산읍지』 묘소(墓所) 조에

　　판서(判書) 이계손(李繼孫)의 묘 : (안산)군에서 남쪽으로 10리
　　떨어진 군내면(郡內面) 점성(占星)에 있다.

고 하였는데, 점성이 바로 첨성(瞻星)이다. 군내면 점성은 지금의

『지승』 안산군 지도 오른쪽 산줄기에 점성동이 표기되어 있고, 산을 넘어가면 광주이다.

안산시 상록구 일동 지역으로, 이곳에 성호의 8대조인 병조판서 이계손(李繼孫, 1423~1484)의 묘가 있었으며, 도시개발로 경기도 양평군으로 이장되었다가 다시 화성시로 이장되었다.

『안산읍지』는 조정의 지시에 따라 수시로 편찬하여 제출하였는데, 1842년에 제출한 『안산읍지』에는 "찬성(贊成) 이상의(李尙毅, 1560~1624)의 묘"로 기록된 판본도 있다. 좌찬성 이상의는 성호의 증조부이니, 같은 선산에 여러 명현들의 묘가 있어서 시기마다 다른 인물의 이름을 기록한 듯하다.

중형 이서(李漵)가 육영재(六楹齋)라고 이름 지은 바깥채는 3칸으로, 앞의 한 칸은 토청(土廳)이고 뒤의 두 칸은 방으로 만들었으나 규모가 매우 소박하였다. 살림도 넉넉지 않아, 제자들이 오래 머물 수도 없었다. 음식이 소박하여, 자신의 입맛에 맞는 반찬을 가져와서 먹은 손님이 있을 정도였다.

서울 용산에 살던 18세 청년 소남은 성호의 인품과 학문을 맛본 순간 과거시험 공부를 포기하고, 안산에서 가까운 인천 도남촌으로 내려와 농사를 지으며 학문을 했다. 거리가 가깝다 보니 안산에 자주 찾아갔으며, 한번 가면 며칠씩 머물며 학문을 토론하거나 스승의 저술을 도와주었다.

어느 날 소남이 인천으로 돌아가려 하자, 성호가 시를 지어 배웅하였다.

> 마음속의 사람이 뜻밖에 와주니
> 정신이 통해서 은연중 재촉했던 게지.
> 바늘 가는 기술이 모자라지 않음을 참으로 아노니

어디에선들 구슬 다듬는 재능이 어찌 없으랴.

밤에 촛불을 둘이나 밝혀 나누어 책을 비추고

세월 변화에 쉬이 감회 일어 저마다 술잔 멈추었지.

백로와 제비 좇아 동서로 헤어진 뒤에

이별의 심정을 응당 편지 가득 써 보내올 테지.

心內人能望外來。神交有契嘿相催。

誠知不乏磨鍼術、何處寧無琢玉才。

夜燭重懸分照卷、年華易感各停杯。

卻從勞鷰東西後、別意應書滿紙回。　－『星湖先生全集』 권1 「送尹幼章」

　'마음속의 사람'은 도연명(陶淵明)의 시에 나오는 표현[念我意中
人]인데, 소남이 연락도 없이 찾아오자 "정신이 통해서 은연중 재
촉했던 게"라고 반가워했다. 성호도 오늘쯤 소남이 왔으면 좋겠다
고 기다렸던 것이나 아닐까. 쇠절구공이를 갈아서 바늘을 만드는
것같이 학업에 전념했던 이백(李白) 같은 제자 소남을 만나, 촛불을
밝혀 들고 밤을 지새우며 학문을 토론했다. 성호는 소남이 절차탁
마(切磋琢磨)하는 학자라고 생각했다.

　"동서로 헤어진 뒤에 이별의 심정을 응당 편지 가득 써 보내올
테지."라고 성호가 기대한 것처럼, 촛불을 켜놓고 밤을 지새워 토
론했던 소남은 하루가 멀다 하고 편지와 시를 써 보냈다.

　어떤 날은 형제들이 함께 토론해서 의견을 수렴해 답장을 보냈
기에, 성호가 1741년 윤동기에게 보낸 편지 「답윤원명(答尹源明)」
에도 "형과 잘 의논해서 회답을 보내라[須與伯公商量回報也]"고 하
였다. 아우 동진이 1735년에, 동기가 1756년에 세상을 떠나자, 그

뒤에는 손자를 성호에게 보냈다.

성호가 1758년 소남에게 보낸 편지 「답윤유장(答尹幼章)」 첫머리에 "손자가 지금 봉함편지를 가지고 와서 전해 주었는데, 겹겹이 들어 있는 몇 장 편지에 색색으로 깊은 뜻이 담겨 있어 얼마나 위로받는지 모르겠소.[令孫今至, 帶傳緘封, 重重數簡, 色色深意, 慰釋難勝.]"라고 하였으니, 맏손자 신이라면 21세, 작은손자 위라면 14세에 안산으로 성호를 찾아가 편지를 전달하고 성호학파의 강석(講席) 끄트머리에 앉아서 배운 셈이다.

안정복은 소남의 행장을 지으면서, 소남이 스승 모시는 자세를 두 가지 소개하였다.

집안에서는 규범이 매우 엄숙하여 마치 사람이 없는 것처럼 조용하였고, 사람들을 접대할 때에는 화기와 공경심이 지극하여 손님과 친지들이 모두 흠모하였다.

스승에게 질문하고 토론하는 도리에 있어서는 의견이 같더라도 그저 같은 것이 아니었고 다르더라도 그저 다른 것이 아니었으며, 의리가 올바른 경우를 힘써 따르려고 하였는데, 성호 선생이 (소남) 선생의 의견을 허심탄회하게 받아들이며 가상하게 여긴 적이 많았다. 그리고 스승을 섬기는 데는 마치 효자가 부모를 섬기는 것처럼 하였다.

1751년 가을에 성호 선생의 병이 위독할 때 내가 가서 뵈었더니, 당시 (소남) 선생이 시병(侍病)하고 있었는데, 약제를 올리는 일을 직접 보살폈고, 심지어 코나 가래와 대소변을 받아낼 때에도 자신이 직접 부축하며 공경과 정성을 다하였다. 밤새도록 의

복을 벗지 않은 채 병수발을 든 지가 여러 날 되었는데, 조금도 게으른 빛을 보이지 않았다. 이에 나는 (소남) 선생의 성의가 타고난 천성에서 나온 것임을 더욱 알게 되었고, 또한 스승과 어른을 섬기는 도리를 알게 되었다.

성호학파의 교수법은 스승과 제자가 토론하여 절차탁마하는 것이었으므로, "의견이 같더라도 그저 같은 것이 아니었"다. 안정복은 평생 성호 선생을 네 차례 찾아가 배웠다고 술회했는데, 마지막에 병문안하러 가 뵈었을 때에는 소남이 이미 와서 코와 가래, 대소변까지 받아내며 병수발을 들고 있었다. 성호와 평생을 함께한 제자가 바로 소남이다.

순암이 이 행장을 지으면서 소남을 선생이라고 표현한 것은 후학들에게 보이기 위한 표현이 아니라 소남이 성호를 모시는 태도를 보면서 자신이 "스승과 어른을 섬기는 도리를 알게 되었기" 때문이다. 소남은 학문뿐만 아니라 행실로도 후학들에게 선생이 되었다.

2) 스승의 학설을 수정케 한 제자

성호는 책을 보다가 의심나는 부분에 자신의 느낌을 적어 놓은 다음, 기회가 있을 때마다 다시 생각하며 의견을 수정하였는데, 이러한 방법이 질서(疾書)이다. 성호학파의 교수법이 스승과 제자가 토론하여 절차탁마하는 것이었으므로, 성호는 제자들의 의견을 잘 받아들였다. 그러한 예가 안정복이 지은 「소남선생행장」에 잘 나타나 있는데, 안정복은 『사칠신편(四七新編)』이 마무리되는 과정을 이렇게 밝혔다.

（성호） 이 선생은 학자들의 학술이 어긋나게 되는 것을 걱정
하여『사칠신편(四七新編)』을 저술하였는데 그 내용은 이렇다.
"사단, 칠정의 명칭과 뜻은 인심(人心), 도심(道心)과 실상이
같고 명칭만 다른 것이다. 그러나 후인들은 합하여 하나로 만들
줄을 모르기 때문에 '사단과 칠정이 선(善) 한쪽에 포함되었다.'
는 말에 구애되어 논설에 각자 다른 폐단이 있게 되었다."
（소남） 선생이 이 책을 받아보고서 말하였다.
"이 책의 내용이 명확하고 상쾌하여 양쪽을 갈라놓은 것 같으
니, 다시 논평할 여지가 없다."
그 뒤에 이 선생의 문인인 신후담(愼後聃)이 "지각(知覺)의 기
(氣)와 형기(形氣)의 기, 이 두 '기(氣)' 자는 같지 않다."고 하고,
또 "공리(公理)의 칠정(七情)과 인심은 또한 도심이다."라고 하
여 "공리의 희노(喜怒)는 이(理)의 발이다."라는 설을 제기하자,
（성호） 이 선생이 그 설을 따라『사칠신편』의 발문(跋文)을 다시
지으셨다. 그러자 （소남） 선생이 그 설에 대해서 이렇게 변론하
였다.
"마음에는 본시 형기(形氣)에 따라 발하는 것이 있다.『중용』
의 서문에서 이른바 형기라고 한 것은 이 형기가 아니라면 이
지각도 없게 되는 것이다. 따라서 형기란 용어를 활용성 있게
보아야 하는 것이다. 성인(聖人)의 마음은 순전히 천리이기 때문
에 희노가 저절로 절도에 맞는 것이니, 그 모습을 찾아보면 끝
내 형기에 돌아갈 뿐이다. 장남헌(張南軒)의 말에, '의리의 노여

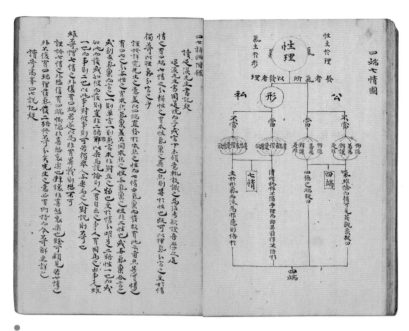

성호가 제자들과의 토론을 거쳐 사단과 칠정의 관계를 요약한 도표 사단칠정도

움은 이(理)의 발이라 하더라도 실로 불가한 것이 아니다. 그러나 근본을 미루어 나누어 말한다면 기(氣)에서부터 발하는 것은 본시 그대로이다.' 하였는데, 이 말이 틀림없는 것이다."

그러자 (성호) 이 선생이 (그 변론에 수긍하여) 다시 지은 발문을 즉시 지워버리고 그 설을 쓰지 않았다. (소남) 선생이 이전에 이렇게 말하였다. (줄임)

"사칠(四七) 이기(理氣)의 변론에 대해서는 젊었을 때 대략 이해하고 있었으나 환히 알지는 못했는데, 깊이 생각하고 반복해서 나의 공심(公心)과 사심(私心) 사이에서 체험한 지 50여 년이 지난 뒤에야 조리가 분명하여 혼미하지 않게 되었다."

"성인(聖人)이 사람을 가르치는 것은 아래로 인사를 배우고 위로 천리를 깨닫게[下學上達] 하는 것에 불과한데, 인사를 배우는 공부를 먼저 하지 않고 천리를 깨닫는 공부를 먼저 한다면 자신에게 무슨 이익이 있겠는가. 단지 사단(四端)이 발할 때 확충시키고 칠정(七情)이 발할 때 절도에 맞게 할 줄 알아야 한다."

정산(貞山) 이병휴(李秉休)가 신후담의 논설을 강력히 주장하였는데 (소남) 선생은 자신의 주장을 시종 굽히지 않았고, 임종할 무렵에 자손들에게 이렇게 말하였다.

"나의 사칠이기설은 (성호 선생의) 『사칠신편』과 서로 뜻을 분명히 밝혀주는 것으로서, 후세에 반드시 알아주는 사람이 있을 것이다."

그만큼 자신의 주장을 독실히 믿었다.

성호가 처음에 제자 신후담의 토론을 받아들여 자신의 학설을 수정했다가, 제자 소남의 비판을 다시 받아들여 재수정하였다. 그 뒤에 조카 이병휴가 신후담의 편을 들어 다시 비판했지만, 안정복이 소남의 학설을 지지하면서 확고하게 되었다.

성호학파의 교수법이 절차탁마를 소중하게 여겨 스승이 제자의 학설을 받아들이기도 했지만, 일단 신념이 생기면 끝내 수정하지 않았다. 소남은 스승 성호의 학설을 수정하게 했지만, 그 뒤에는 임종할 때까지 자신의 신념을 굽히지 않았던 것이다.

3) 성호가 제자들과 토론하며 저술하는 방법을 설명하다

성호는 제자 소남의 의견을 받아들여 자신의 학설을 수정할 뿐만 아니라, 자신의 저술에서 제자와 토론한 내용을 소개하거나, 제자의 의견을 받아들여 자신의 생각을 확인하였다. 성호의 대표적인 저서『성호사설』에서 한 가지 예를 들어본다.

묘계질서(妙契疾書)

「장횡거찬(張橫渠贊)」에 묘계질서(妙契疾書)라는 말이 있는데, 묘계는 능하기 어려운 것이지만 질서(疾書)는 바로 그 단점이다. 횡거(橫渠)가『정몽(正蒙)』을 지을 적에 머물던 곳에 붓과 벼루를 갖추어 두고, 혹 밤중이라도 해득한 것이 있으면 일어나서 촛불을 켜고 써 놓았다. 이렇게 빨리 써두지 않으면 바로 잊어버릴까 염려해서였다. 그러므로 정자(程子)는, "자후(子厚)가 이같이 익숙하지 못하다."라고 기롱하였으니, 대개 익숙하면 반드시 빨리 써 놓지 않더라도 자연 잊어버리지 아니해서 그런 것이다.

나는 경(經)을 보다가 해득된 바가 있으면 곧 의문표를 붙여 기록하고 제목을 질서(疾書)라 했는데, 사람들은 묘계(妙契)라는 문자까지 합해서 보면서 겸손하지 못한 태도라고 의심하니, 이는 지나친 일이다.

윤유장(尹幼章)이 듣고 다음과 같이 말했다. "호자(胡子)의 지언(知言)은 겸손한 뜻이 아니었지만 주자(朱子)는 이것을 그르다 하지 않았는데, 하물며『질서』에는 묘계의 의사가 내포되어 있지 아니함에랴?"

－『성호사설』제29권 시문문(詩文門)

횡거(橫渠)는 송나라 유학자 장재(張載)의 호이다.『정몽(正蒙)』은 2권으로 되어 있는데, 1권에서는 천도(天道)를 논했고, 2권에는 인도(人道)를 논했다. 주자가 「횡거선생찬(橫渠先生贊)」에 "정밀하게 사색하고 힘껏 실천하며, 묘한 생각이 떠오를 때마다 빠르게 기록하였네.[精思力踐 妙契疾書]"라고 하였는데, 장재가 밤에 자리에 누워 있다가도 의리에 대해 새로 깨달은 것이 있으면 잊지 않기 위해 바로 일어나서 붓으로 얼른 기록하였던 것을 표현한 말이다.

성호의 족증손 군서(君西)가 1735년에 『논어』 문목(問目)을 보내어 여섯 항목을 질문하면서 마지막으로 질서(疾書)의 뜻을 질문하자, 성호가 이렇게 설명하였다.

> 질서라는 것은 빠르게 기록한다는 것이다. 횡거(橫渠)가 곳곳에 붓과 벼루를 놓아두고 때때로 밤중에 일어나 촛불을 밝히고 기록을 하였는데, 정자(程子)가 "자후(子厚)가 이와 같이 하는 것은 익숙하지 않아서 그런 것이니, 만약 익숙하지 않은 상태에서 빨리 기록하지도 않으면 혹여 잊어버리게 될 것을 두려워해서이다."라고 놀렸다. 그 말이 「횡거찬(橫渠贊)」에 나온다. 내가 묘계(妙契)는 감히 자처할 수 없으나, 빨리 쓰는 것은 서로 비슷하다고 할 것이다.

조선시대에 질서의 방법으로 독서하거나 저술한 학자들이 여러 명 있었지만, '질서(疾書)'라는 두 글자를 저서의 제목으로 삼지는 않았다. 성호가 처음으로 저서의 제목으로 삼자, 주자가 장횡거를 찬양한 묘계(妙契) 두 글자까지 덧붙여서 누가 성호를 비판한 듯하다. 그러자 소남이 주자의 예를 들어서 '질서'라는 제목을 옹호하였다.

맹자가 자신의 장점을 묻는 제자의 질문에 대해서 "나는 말을 제대로 판단할 줄 안다. 그리고 나는 나의 호연지기를 잘 기른다.[我知言, 我善養吾浩然之氣.]"라고 대답한 뒤에, 편파적인 말[詖辭]과 방탕한 말[淫辭], 삿된 말[邪辭]과 도망쳐 숨는 말[遁辭]에 대해서 자세히 설명해 준 내용이 『맹자』「공손추 상(公孫丑上)」에 나온다. '지언(知言)'은 남이 하는 말의 속뜻을 정확하게 파악한다는 뜻이다.

송나라 유학자 호안국(胡安國)의 아들 호굉(胡宏, 1106~1161)이 "아지언(我知言)"에서 '지언(知言)' 두 글자를 제목으로 하여 심성(心性)에 대한 글을 지었는데, 주자는 "체는 같고 용은 다르다[同體異用]"는 설이 크게 그르다고 하여 그 잘못을 지적하는 「호자지언의의(胡子知言疑義)」를 지었다. 그러나 내용에 관해 비판한 것이지 『맹자』에서 가져온 '지언'이라는 제목 자체를 비판하지는 않았다는 것이다.

소남이 처음 찾아뵐 즈음에 성호가 『맹자』를 읽고 있다가 아들이 태어났으므로 이름을 맹휴(孟休)라 짓고는, 이어서 『맹자질서』를 저술하였다. 사서삼경을 비롯한 10종의 질서를 짓고, 『시경질서』는 말년에도 다시 수정하였으니, 소남이 성호 문하에 50년 드나들면서 가장 가까이했던 성호의 저술이 바로 질서라고 할 수 있다.

성호는 성현의 저술에 의문을 가지는 것이 학문의 출발이라고 생각했으므로, 자신의 제자들에게도 질서를 읽고 질문하게 하였다. 『맹자질서』 서문에 이렇게 말하였다.

옛글에 "스승을 섬김에 숨김이 없어야 한다."라고 하였는데, 이것은 의심을 품는 것을 금기(禁忌)하지 않은 것이다. 아랫자리에 처하여 공부에 진전이 있기를 바라면서 스스로 의혹이 없다고 말하는 자는 어리석지 않으면 아부하는 사람이니, 나는 실로 이러한 사람을 부끄러워한다. 이런 까닭으로 정전(井田)을 구획하고 세수(歲首)를 정하는 따위에 대해 함부로 일설(一說)을 제기하여 미진한 뜻을 보완하려고 하니, 이것들은 모두 주자가 일찍이 의심을 품었던 문제이다. 의심을 품은 것은 다른 사람이 말할 수 있는 길을 열어 놓는 것이다.

말이 들어맞지 않는 것은 그 죄가 말하는 자에게 있는 것이니, 집주(集註)에 또한 무슨 해가 되겠는가. 황천(黃泉)에서 다시 살아나신다면, 우리 부자(夫子)께서 반드시 진보하기를 구하는 마음을 애처롭게 여겨 말이 들어맞지 않는 것에 대해서는 죄를 묻지 않으실 것이다.

성호는 자신이 주자의 정직한 제자이므로 주자의 미진한 의문점을 풀어보겠다고 하였다. 이 말은 다른 학자들에 대한 변명이면서, 제자들에게 의문점에 동참하라는 제안이기도 하다.

질서가 마무리될 때마다 여러 제자들이 베껴서 읽다가 편지를 보내어 질문하고, 성호가 그에 대하여 답변하였다. 소남 형제의 질문을 간단히 예로 들면 다음과 같다.

윤유장의 문목에 답하는 편지〔答尹幼章問目 辛酉〕신유년(1741)

[문]『시경』 주송(周頌) 「희희장(噫嘻章)」에 대한 『질서(疾書)』에 "1현(縣)의 땅은 사방 5000보(步)이고 1만 2500부(夫)이다."라고 하였는데, 제 생각에 사방 5000보이면 2500부에 해당하

므로 '일만(一萬)'은 연문(衍文)일 듯합니다. (줄임)

또 "1수(遂)의 땅은 개방법(開方法)으로 계산하면 약 1만 1200보이고 가로와 세로 각각 112부이다."라고 하였는데, 제 생각에 땅의 넓이로 보면 440보 남짓이고, 부(夫)로 보면 44인(人)이어서 1만 2500의 숫자에 넘치므로 이것은 온당치 못한 듯합니다.

[답] 본초(本草)를 다시 살펴보니 '이천(二千)' 위에 원래 '일만(一萬)'이라는 글자가 없었으니, 옮겨 쓰는 과정에서 잘못되었습니다. (줄임) 나의 책에서 말한 개방법에 대한 설 또한 구차한 듯합니다. (줄임) 뽕나무와 삼은 의복의 재료가 되고, 좋은 식품을 저장하는 것은 겨울을 대비하기 위해서이고, 가축을 기르는 것은 노인을 봉양하기 위해서니, 문정(門庭)과 축장(築場)을 겸하려면 100묘가 아니면 불가합니다. 『시경』에 "10묘 사이에 뽕 따는 사람이 여유롭다."라고 하였습니다. 뽕나무를 심는 땅도 10묘나 되니 나머지도 알 수 있습니다. 5묘의 집에 뽕나무를 심는 제도는 단지 맹자(孟子)가 한때 임시변통으로 얘기한 법이지 주나라의 제도는 아닙니다. 이 뜻을 어떻게 생각합니까?

소남이 16조목을 질문하였는데, 첫 번째 질문을 세 가지로 답변하였다. 첫 번째 질문은 성호 자신이 가지고 있는 본초에는 '일만(一萬)'이라는 글자가 없었으니, 옮겨 쓰는 과정에서 잘못되었다고 해명하였다. 두 번째 질문은 자신의 견해가 구차하다고 수긍하였다. 세 번째 질문에서는 답변을 하면서 소남의 생각을 끌어내기 위해 다시 질문하기도 하였다.

윤원명의 문목에 답하는 편지〔答尹源明問目 庚戌〕 경술년(1730)

[문] "모든 생물이 이 성(性)을 가지고 있지만 통하기도 하고, 가려지기도 하고, 열리기도 하고, 막히기도 하기 때문에 사람과 미물(微物)의 구별이 있다."라고 하였는데, 그 문세(文勢)를 자세히 살펴보면 가려지고 막힌 것을 미물에 소속시킨 것처럼 보이지만 끝에 가서 가려진 것이 두껍고 얇음으로 인하여 지혜롭고 어리석음의 구별이 된다고 하였으니, 횡거(橫渠)가 '가려짐'을 미물에 소속시키지 않았다는 것을 알 수 있습니다. 혹시 횡거의 말이 간략하기 때문에 '통폐(通蔽)' 두 글자로 상지(上智)와 중인이하(中人以下)의 구별을 겸하여 말하고, '개색(開塞)'으로 사람과 미물의 구별을 삼은 것입니까? 그러나 문리가 끝내 구차하여 『질서(疾書)』에 입언(立言)한 것이 흠이 없는 것만 못합니다.

[답] 대체적으로 옳습니다.

원명은 소남의 큰아우 원기의 자이니, 30세에 질문한 편지이다. 6조목을 질문하였는데, 소남의 질문이나 답변에 비하면 문장도 짧고 답변도 단답형이 많다. 1번 질문은 "옳습니다.", 2번 질문은 "이미 대략 말하였습니다.", 마지막 질문은 위에서 보는 것처럼 "대체적으로 옳습니다."라는 식이어서, 더 이상의 진도가 나가지 않는 경우이다.

소남 종가에 전하는 『논어질서』는 다른 곳에 소장된 필사본과 달리, 소남이 베끼면서 의심나는 부분들을 세 가지 부호로 표시해 놓았다. 소남이 성호의 견해를 항목마다 검토하여 수긍할 만한 구절과 의심나는 구절을 부호로 표시한 것이니, 소남의 이러한 의

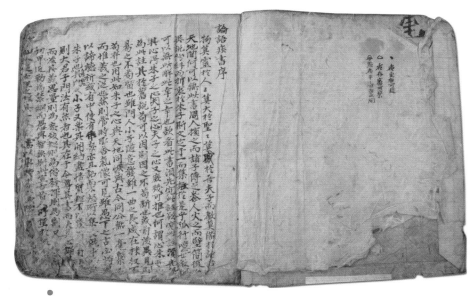

소남 종가에 전해오는 『논어질서』 첫 장

문과 토론을 거쳐 성호의 질서가 완성되고, 소남의 학문도 이루어졌다.

성호가 쓴 『맹자질서』 서문의 정신에 따른다면, 소남은 정직한 제자였다.

4) 저술 편집을 부탁받다

성호는 자신의 저술을 정리하는 과정에서 제자들의 힘을 빌렸으며, 집이 가까운 소남 형제들은 자주 안산에 머물며 원고 정리를 도와주었다. 성호가 제자들에게 편집을 부탁한 저술 가운데 대표적인 경우가 『이자수어(李子粹語)』인데, 안정복의 연보에 그 과정이 자세하게 소개되었다.

1753년(42세)

○ 『이자수어(李子粹語)』를 편집하다.

성호 선생이 찬한 것으로, 퇴계(退溪)의 언행을 모아 놓은 책이다. 처음의 책 이름은 『도동록(道東錄)』이었는데, 성호 선생이 (순암) 선생과 소남 윤동규에게 산정(刪定)하도록 부탁하자, (순암) 선생이 윤동규와 서로 오가면서 상의하여 편차(編次)를 개정한 다음 『이자수어』라고 이름을 붙였다. 책이 다 만들어진 뒤 성호 선생이 편지를 보내 이렇게 말하였다.

"『이자수어』가 그대들의 힘을 입어 완성되었으니, 이 역시 오래도록 병을 앓는 사람이 약재를 써서 얼마간 치료하였으나, 결국에는 맥을 짚고 병을 진찰하는 것은 신의(神醫)의 손가락이라 하여 거기에 공(功)을 돌리는 것과 같다. 이제 큰일을 하나 마쳤으니, 이택(麗澤)의 유익함이라는 것이 이런 것을 두고 한 말이 아니겠는가."

『이자수어』는 소남이 잠시 용산에 머무는 동안 시작되었다. 1752년에 성호가 소남에게 편지를 보내어 『도동록(道東錄)』의 편집을 부탁하였다.

윤유장에게 답하는 편지〔答尹幼章 壬申〕 임신년(1752)

소식이 잠시 뜸하다가 뜻밖에 편지를 받고 모든 일이 더욱 좋다는 것을 알았으니 매우 위안이 됩니다. 임시로 머물면서 생계가 어려운 점은 잗달게 말할 것이 못 되지만, 인천에 있을 때에 비하여 큰 차이는 없을 것입니다. 세상의 일은 마음을 편안하게

갖는 것이 가장 좋으니, 그렇게 하면 살지 못할 곳이 없을 것입니다. (줄임)

백순(百順)이 "『도동록(道東錄)』은 의당 『근사록(近思錄)』의 체재와 같아야 한다."라고 하였습니다. 그러나 이 책은 문집 중에서 상고할 만한 것을 뽑은 것이지 취사선택을 한 것이 아니며, 또한 내가 젊을 때에 한 일이므로 부족하게 느끼는 점이 실로 많습니다. 그대가 백순과 의논하여 간추려서 간편하고 합당하게 만들기를 바라니, 그렇게 된다면 어찌 매우 기쁘지 않겠습니까. 여러 논평은 모두 그대의 설을 따라야 할 것입니다.

나는 정신이 많이 손상되었으니 어찌 거취(去就)하는 것이 있을 수 있겠습니까. 표제(標題)는 백순의 말대로 수어(粹語)라고 해도 좋겠습니다. 또 책의 명칭은 곧바로 이자(李子)로 하면 어떻겠습니까? 성인의 문하에 『언자(言子)』, 『증자(曾子)』 등의 책이 있는데, 우리나라에는 자이자(子李子) 한 사람뿐입니다. 지극히 존숭한 것이지만 의리에 해되는 것은 없을 듯합니다.

소남은 학문하는 방법이 주자서(朱子書)에 다 들어있다고 보았고, 퇴계는 주자를 잘 배운 분이어서 우리나라의 주자이자 백세의 사범이니 후학들은 퇴계를 사표(師表)로 삼아 배워야 한다고 생각하였다. 그래서 주자서처럼 이자서(李子書)를 편집하는 작업에 기꺼이 참여하였다. 소남이 같은 해에 순암에게 보낸 편지에서 『도동록』의 제목이 바뀐 사실을 지적하자, 순암이 해명하는 편지를 보냈다.

『도동록(道東錄)』이『수어(粹語)』로 이름이 바뀐 것은 감히 어른께 고하지도 않고 제가 먼저 표제를 붙인 것이 아닙니다. 사실은 그 책을 처음 등사할 때 원 책에 표지가 없어 해질 염려가 있기에 못 쓰는 종이로 임시 표지를 만들고, 책 겉장에다 붓 가는 대로 그냥 '이선생수어(李先生粹語)'라고 다섯 자를 썼던 것입니다.

뒤에 와서 생각하니 미안한 점이 없지 않았으나 원래 성품이 찬찬하지 못해 그냥 그대로 돌려보냈던 것인데, 지금 와서, "어른의 책면 표제(標題)를 함부로 고쳐서는 안 된다."고 하신 하교를 읽고 보니 사실 무어라 할 말이 없이 후회되고 죄스럽습니다. 사람을 덕으로 사랑하시는 집사(執事)가 아니라면 누가 매사에 이렇게 깨우쳐주고 가르쳐 주겠습니까.

그런데 장석(丈席)께서 이를 죄주지 않으시고 오히려 '이자수어(李子粹語)'라고 고쳐 쓰시고서 칭찬까지 해 주셨으니, 그 무아(無我)의 덕에 실로 감격했습니다. 그리고 집사가 이렇게까지 타일러 인도하신 뜻은 작은 일에 소홀하다 보면 장차 큰일을 하는 데 해가 될까 염려해서이니, 모두가 상대를 티 없이 잘 성취시켜 주려는 훌륭한 뜻이라 하겠습니다. 그런데도 어둡고 어리석은 저로서는 감당할 길이 없어 그저 두려울 뿐입니다.

우리나라가 생긴 이래로 학문이 훌륭하기가 퇴계만한 이가 없으니, 이자(李子)라는 호칭에 하등 문제될 게 없을 것입니다. 다만 온 천하를 들어 논할 때 주·정·장·주(周程張朱)를 자(子)로 칭한 데 대하여는 아무도 이의가 없으나, 그 밖의 유현(儒賢)들에 있어서는 직접 수업했거나 사숙(私淑)한 사람들끼리는 혹자(子)라고 칭하기는 해도 온 세상이 공인하는 일반적인 호칭은 못 됩니다.

따라서 제 생각에는 선생이라는 호칭이 그저 무난할 것 같습니다. 물어 오셨기에 입 다물고 있을 수만은 없어 이렇게 참람한 말을 했습니다. 다시 하고 있으시기 바랍니다.

순암은 책 제목이 바뀐 과정을 소남에게 완곡하게 해명하였다. 표지가 없기에 별생각 없이 '이선생수어(李先生粹語)'라고 써 보았는데, 성호가 받아보고 아예 '이자수어(李子粹語)'라고 고쳐 썼다는 것이다. 그렇지만 성호로부터 함께 편집 부탁을 받았던 선배에게 미리 양해를 구하지 못했던 사실을 사과하고 나서, 이자(李子)라는 호칭을 비난할 학자들도 있으니 이 선생으로 하면 어떻겠느냐고 의견을 구하였다. 제목은 성호의 의견대로 절충되었다.

『이자수어』를 완성하던 1753년에 순암이 성호에게 두 차례 편지를 보내어서 경과보고를 하였다.

『이자수어(李子粹語)』는 그 편차(篇次)에 있어 참으로 의심할 만한 것들이 있기 때문에 참람되게 개정하고 우러러 말씀드립니다. 그리고 그 장차(章次)도 전부 문집의 서차대로만 정해 놓았기 때문에 더러는 선후 완급이 뒤바뀐 경우도 있어, 그것 역시 윤 장(尹丈)과 상의하여 그 서차를 고쳤습니다.

이는 어른께서 이미 만들어 놓으신 책을 감히 다시 이리저리 쪼개어 저희들의 공로로 삼으려는 생각에서가 아니고 오직 어리석은 소견을 개진하고 의심나는 점을 여쭈어보려는 뜻일 뿐입니다. 아울러 지적해 주시기 바랍니다.

편차를 정하고 교정보는 작업은 소남과 순암이 서로 합의하여 잘 진행되었다. 성호가 교정본을 받아보고 소남에게 편지를 보냈다.

윤유장에게 답하는 편지[答尹幼章 癸酉] 계유년(1753)

지난번에 종 원득(元得) 편에 편지를 부쳤는데 아직 도착하지 못했을 것입니다. 지금 보내신 편지를 받고 기거가 편안하시다는 것을 알았으니 위안이 됩니다. (줄임)

백순(百順)이 관직을 옮겨 가까운 곳에 살게 되어 강습(講習)하는 데에 도움이 있으니 귀신이 편의를 보아주는 것 같습니다. 다만 그의 혈증(血證)이 공정(功程)에 매우 방해가 됩니다.

『이자수어』는 지금 다행히 완성되었으나 내가 날이 갈수록 정신이 어두워져 담당할 수 없고 단지 손자 구환(九煥)을 시켜 한 번씩 펼쳐 보고 보이는 대로 표시하게 하고 있으니, 반드시 그대에게 전해서 보게 할 것입니다. 무릇 찬집(纂集)이란 간략하게 해야 합니다. 원본 또한 원래 군더더기가 많았고, 새로 더한 것도 모두 합당하지는 않습니다. 모쪼록 서로 의논해서 거취를 정하되, 오직 남겨 두어야 하고 버려서는 안 되는 것들만 남겨 두고, 남겨도 되고 버려도 되는 것은 버리는 것이 마땅합니다.

단전(彖傳)과 상전(象傳)에 대한 설은 삼가 그대의 말대로 하겠습니다.

성호의 의견을 존중하여 제목을 『이자수
어』로 정하고 내용을 교정하는 과정에서,
소남이 순암에게 새로운 문제를 제기하였
다. 예를 들면 학봉(鶴峯)이 편찬한『퇴계선
생언행록(退溪先生言行錄)』과 달리 수어(粹
語)이기 때문에 언행(言行)을 다 채록할 필
요가 없으니, 정호(程顥)와 정이(程頤) 형제
의 글 가운데 정수가 될 만한 글을 뽑아서
제자인 양시(楊時)가 편찬한『이정수언(二程
粹言)』처럼 행(行)에 관한 내용은 삭제하자
는 것이다.

언행에 관한 글을 다 뽑자는 순암이나,
명실상부하게 언(言)만 뽑자는 소남의 의견
이 다 근거가 있기 때문에, 순암이 고집하
지 않고 먼저 성호에게 편지를 보내어 의
견을 구하였다.

용산에 잠시 머물던 소남
이 정릉 직장으로 근무하
던 순암에게 1753년 8월
에 보낸 편지 봉투

『이자수어』의 교검(校檢)을 병중에 했기 때문에 소략하고 잘
못된 점이 물론 많았겠지만 그래도 제가 보기에 팔구분(八九分)
은 완성된 책이라 여겨 선생님께 여쭙고 또 윤 장(尹丈)에게도
물어, 산정(刪定)을 거의 마치고 별반 흠 없이 마무리를 짓게
되었습니다.

그런데 윤 장이 보낸 서한에, "기왕 이름을 수어(粹語)라고 했
을 바에는 언행(言行)을 다 채록할 것은 없으니, 편 내의 행(行)

에 관한 부분은 모두 삭제해야 옳다."고 하였습니다. 이 문제에 대해서는 시생(侍生) 역시 생각했었으나, 저로서는 이 책은 문집과 여러 사람들의 언행록에서 순수하고 아름다운 말들을 고른 것이므로 정문(程門)의 수언(粹言)과는 다소 다른 점이 있고 또 범례에도 이미 그렇게 밝힌 바 있다고 생각되었습니다. 그리하여 의심하지 않고 미처 서로 질정하지도 못했던 것입니다.

그 후 누차 그 문제를 두고 윤 장과 논란을 벌였지만 그쪽에서는 꼭 옳지 않다는 태도입니다. 그러나 저의 어리석은 생각에는 그것이 어째서 옳지 않은지 모르겠습니다. 어떻게 생각하시는지요? 다시 가르침을 내려 주시기 바랍니다.

성호로부터 승낙을 받은 순암은 다시 소남에게 편지를 보내어, 성호의 생각을 전하고 승인을 부탁하였다.

『수어(粹語)』라고 명명한 뜻은 저도 전일에 역시 그렇게 생각하기도 했습니다. 그러나 다시 생각해 보면 『논어(論語)』도 어(語)이지만 그 내용에는 행(行)이 있고, 『국어(國語)』도 어(語)이지만 그 속에는 사건이 기재되어 있으며, 『가어(家語)』와 『어류(語類)』도 다 마찬가지입니다.

이 책은 노선생(老先生)의 언행에 대해 여러 사람들이 써놓은 말을 모아서 그 중 정수만을 뽑은 것이니, 정자(程子)의 수언(粹言)과는 뜻이 좀 다릅니다. 장석(丈席)께서 명명하신 것이 이러한 뜻이 아니겠습니까. 다시 회답 주셨으면 합니다.

결국 소남이 양해하여 『이자수어』 편집이 마무리되자, 소남과 순암이 함께 편집한 『이자수어』 앞에 성호의 서문이 실리고, 뒤에는 두 사람의 발문이 실려 간행되었다.

성호는 서문에서 공자의 가르침이 주자를 통하여 퇴계에게 전해졌으며, 퇴계의 가르침 가운데 정수를 가려 뽑은 것이 이 책이라는 사실을 밝히고, 자신이 처음 편찬한 책을 제자들이 첨삭하여 간행한 과정을 간략하게 소개하였다.

나는 뒤에 태어나서 퇴계의 제자가 될 수 없었고 다만 그분의 책을 읽고 기뻐할 뿐이었다. 스스로 그분의 유훈(遺訓)을 해박하게 알지 못하는 것을 크게 부끄럽게 여겨, 그 요점을 뽑아 기록하고 제목을 『도동편(道東編)』이라 하였다.

그 후 40여 년이 지나도록 미처 교정하지 못하였는데, 나의 벗 안백순 정복(安百順鼎福)이 다시 첨삭하고자 하여 한결같이 주자의 『근사록(近思錄)』을 따라 범례를 정하고 벗들과 함께 작업하였다. 이 일은 나의 바람이었지만, 정신이 소진되어 스스로 할 힘이 없었으므로 마침내 백순에게 부탁하여 윤유장 동규(尹幼章東奎)와 심사숙고해서 함께 일을 추진하도록 하였던 것이다.

책이 완성되자 그 제목을 바꾸어 『이자수어(李子粹語)』라고 하였다.

『이자수어』를 편찬하는 데에 가장 공이 컸던 순암이 먼저 발문을 지어 이 책의 편찬 과정과 그 의의를 설명하였는데, 『순암선생문집』에는 「이자수어서(李子粹語序)」라는 제목으로 실려 있다.

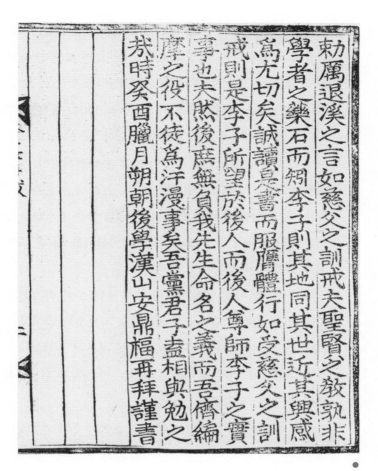

勅厲退溪之言如慈父之訓戒夫聖賢之教執非
學者之藥石而短李子則其地同其世近其興感
爲尤切矣誠讀是書而服膺體行如受慈父之訓
戒則是李子所望於後人而後人尊師李子之實
事也夫然後庶無負我先生命名之義而吾儕編
摩之役不徒爲汗漫事矣吾黨君子盍相與勉之
恭時癸酉臘月朔朝後學漢山安鼎福再拜謹書

순암이 1753년 12월에 쓴 『이자수어』 발문

주자(朱子)가 작고한 지 302년 만에 퇴계(退溪) 이자(李子)가
동방에서 태어나 유학을 자신의 소임으로 삼고 주자의 학문을
강구하여 밝혔는데, 평소에 이처럼 방대한 저술과 문하 제자들
의 많은 기록이 우리나라 유사 이래로 일찍이 없었다. 그런데 그
책이 워낙 많아서 사람으로 하여금 망양(望洋)의 탄식을 하게 하

므로, 성호(星湖) 이 선생(李先生)이 이것을 염려하여 강학하는 틈틈이 퇴계 선생의 글에 더욱 힘을 쏟아, 예(禮)에는 유편(類編)을 만들고, 사칠론(四七論)에는 조변(條辨)을 만들고, 또 그 가운데 요긴한 말을 절취(節取)하여 『도동록(道東錄)』을 만들었다.

다른 책은 이미 완성이 되었으나 오직 『도동록』 한 책만은 미처 수정하지 못했으므로 선생이 매양 한탄하시다가, 나의 불민함을 모르고 교증(校證)을 맡기셨다. 그래서 원본을 가져다가 『근사록(近思錄)』의 정례에 따라 편목(篇目)을 조정하고, 윤동규 어른과 왕복하며 참교(參校)하여 무릇 원고를 세 번 바꾼 뒤에야 책이 이루어졌다.

책이 이루어지자 성호 선생이 다시 『이자수어』라 명명하였다. 자(子)라는 호칭은 뒷사람이 존경하고 사모하는 말이다. 우리나라 사람들이 존경하고 사모하는 사람 가운데 퇴계를 능가하는 사람은 없으니, 이자(李子)라고 일컫는 데 대해서 우리나라 사람들이 딴 말을 하지 않을 것이다.

어떤 사람은 이 책이 말과 행동을 같이 수록한 것인데도 수어(粹語)라고만 칭하는 것이 온당하지 않다고 의심하지만 이는 그렇지 않다. 『국어(國語)』는 어(語)이지만 일이 그 속에 있고, 『이정수언(二程粹言)』이나 『주자어류(朱子語類)』 같은 책도 모두 행사(行事)의 실황을 섞어서 실어 놓았다. 옛사람의 예도 이미 그러하거니와, 더구나 이 책은 그 여러 책 중에 순수하고 아름다운 말을 요약하여 만든 것이니, 무엇이 해롭다고 고지식하게 혐의할 필요가 있겠는가. 아! 공자가 세상을 떠나자 미언(微言)이 끊어지고 칠십 제자가 흩어지자 대의가 무너졌으니, 어찌 옛날만 그랬겠는가. 선생이 작고하신 지 이제 184년이 되었다. 그 글은 비록 남아 있지만 선생을 이어서 일어난 사람이 없으니, 개탄을 금할 수 있겠는가.

내가 일찍이 들으니, "공맹(孔孟)의 말은 왕조의 법령과 같고, 정주(程朱)의 말은 엄한 스승의 단속함과 같고, 퇴계의 말은 자애로운 아버지의 훈계와 같다." 하였다. 성현의 가르침이 어느 것인들 배우는 자에게 약석(藥石)이 되지 않으랴만, 이자(李子)는 살았던 땅이 같고 시대가 가깝기 때문에 그 감동이 더욱 간절하다. 진실로 이 글을 읽고 가슴에 새겨 실천하기를 자애로운 아버지의 가르침을 받는 듯이 한다면, 이것이 이자가 뒷사람에게 바라는 바이며, 뒷사람이 이자를 높이고 섬기는 실질적인 일일 것이다. 그런 뒤에야 우리 성호 선생께서 명명(命名)한 뜻을 저버리지 않게 되고 우리들이 편집하는 데 들인 노력도 부질없는 일이 되지 않을 것이다. 우리 당(黨)의 군자들은 어찌 서로 힘쓰지 않겠는가.

방대한 분량의 『퇴계집』을 학자들이 개인적으로 구하여 다 읽어보기 힘든 상황에서 중요한 가르침만 한 책으로 뽑아 간행하는 의의를 설명하고, 성호가 『이자수어』라고 제목을 정한 사실을 강조하였다. 윤동규 어른과 편지를 주고받으며 세 차례나 원고를 고쳐 책을 낸다고 밝혀 소남의 공을 내세웠다. 마지막에 우리 당의 군자들이 앞으로도 서로 힘쓰자고 당부하면서 성호학파의 결속을 다짐하였다.

소남은 퇴계가 주자의 방대한 문집을 간추려 『주자서절요』를 편찬한 것과 마찬가지로 성호가 『이자수어』를 편찬하고, 자신들이 마무리하였다고 발문을 썼다.

> 퇴옹(退翁)은 주자를 잘 배운 분이니, 주자를 배우려면 마땅히 퇴계를 먼저 배워야 한다. 퇴옹을 배우려면 그 유훈(遺訓)에서 찾지 않고 무엇으로 하겠는가. 이것이 이 책을 짓게 된 까닭이다.
> 성호 이 선생께서 이 책을 편집하신 것은 퇴옹이 『주자서절요』를 편집한 것과 같은 뜻이다. 그러나 일찍이 초고를 완성하고도 간행할 겨를이 없어 책상자에 간직하신 채, 여러 해가 지났다.
> 경오년(1750)에 동규가 그 책을 받아 읽었는데, 선생께서 수정과 윤문을 부탁하셨다. 동규가 마땅한 사람에게 맡기십사 청하여 백순(百順)이 이 일을 맡아 공을 이루게 되었고, 빼고 더하며 (편지가) 왕복할 때에 동규도 참여하게 되었다.
> 백순은 『근사록』의 예에 따라 편차를 정했으며, 여러 번 원고를 바꿔서 거칠게나마 온전한 책을 이루었다. 선생께서도 여쭐 때마다 기꺼이 응해 주셨으니, 조금도 인색한 뜻이 없으셨다. 이 책은 『주자서절요』와 같은 생각에서 지은 것이다. (줄임)
> 이 책은 동규와 백순이 함께 일하고 힘써 노력한 결과이다. 갑술년(1754) 정월 입춘에 후학 윤동규가 공경하며 쓴다.

주자를 배우려면 이 책을 먼저 읽어야 한다고 후학들에게 당부하면서, 자신에게 먼저 주어진 일을 적임자인 순암에게 넘긴 사연과 두 사람이 힘을 합하여 이 책이 완성되었음을 밝혔다. 이 책은

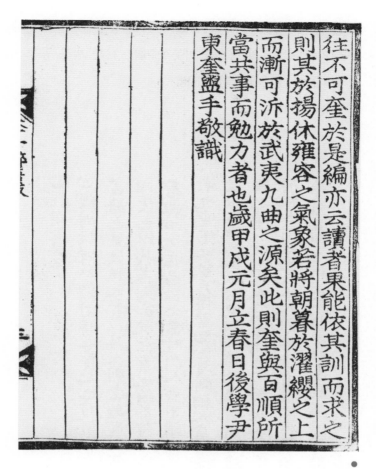

往不可奎於是編亦云讀者果能依其訓而求之
則其於揚休雍容之氣象若將朝暮於濯纓之上
而漸可泝於武夷九曲之源矣此則奎與百順所
當共事而勉力者也歲甲戌元月立春日後學尹
東奎盥手敬識

소남이 1754년 1월에 쓴 『이자수어』 발문

순암이 스승과 선배 중간에서 어려움을 참아내며 이룬 결과이기도
하지만, 공을 이룰 기회에 자신이 나서지 않고 적임자에게 맡겨서
최선의 결과를 만들어낸 소남의 성과이기도 하다.

성호의 『심경질서(心經疾書)』도 '윤동규 교(校)'라고 밝혀진 필사
본들이 전한다. 이는 자신의 저서에 참여한 제자들의 업적을 반드

시 밝혀서 학자로 키워내는 성호의 학자 양성법이기도 하다. 소남은 이외에도 성호의 행장을 비롯한 제문, 서문, 발문 등을 지어 성호의 학문과 생애를 정리하였다.

心經疾書序　　　　　　尹邵南 較

心經附註何以讀因時之貴之也時何以貴之爲其衰聚洛建
言語也然彼程氏者以其人則當題而顯刾也以其學則外朱而
內陸也以其書則去就無章也雖不讀可也昔者退溪首喜此
書與四子近思錄比當時門人無不講誦流于今成俗上之進奏
於九重下之家戶傳習句一箋解細大莫遺殆聖經不如也夫如是
吳以不讀西山本經只収經傳及宋賢所自作篇文至其書積語
錄之類不及也惟取簡要問目不繁程氏乃別立科條博採類彙是
附經非附註也人心人欲朱子前後之異說而無用黑白本敬本靜
朱張互爭之辨而不惮并収是務廣非專精也其他自註都無

첫머리에 '윤소남(尹邵南) 교(較)'라고 밝힌 『심경질서』

미국 UC버클리대학 도서관 소장본에는 '소남(邵南) 교(校)'라고 적혀 있다.

소남의 학문세계와 학문태도

소남의 학문세계를 소개하기 위해서는 그의 문집부터 소개할
필요가 있다. 『소남선생문집』은 두 종이 다른 경로로 전해오는데,
소남 종가 소장본은 표제가 『소남선생유집초(邵南先生遺集草)』이
고, 성균관대학교 대동문화연구원 소장본은 표제가 『소남유고』이
다. 순서는 조금 다르지만 내용은 비슷하다. '소남유고'라는 이름
만 보아도 알 수 있듯이 간행되지 못한 필사본인데, 대동문화연구
원에서 『소남유고』의 순서를 편집하여 2006년에 영인 출판하며

학계에 소개되었다. 그러나 영인본 『소남유고』에 소남의 글이 다 실린 것은 아니다.

영인본 『소남유고』는 권1부터 권14까지 391면이 본문인데, 4분의 1로 축소 영인한 것을 감안하면 1,560여 면 분량이다. 1면에 12행, 1행에 24자씩 필사되었다. 그 밖에 차의(箚疑)가 79면이니, 역시 4분의 1로 축소 영인한 것을 감안하면 310여 면 분량이다. 그 뒤에 제자 권귀언이 지은 행장(行狀) 초고 21면이 실려 있는데, 본문과는 달리 10행 20자로 필사하였다. 안정복이 지은 소남의 행장은 『순암집』 권26에서 복사한 것이다.

『소남유고』는 전체 14권 가운데 8권이 서(書)이다. 편지가 이렇게 많은 이유는 소남이 인천에 살고 스승 성호는 안산에 살아, 주로 편지를 통해 질문하고 가르침을 받았기 때문이다. 순암은 벼슬이 바뀔 때마다 편지를 보내는 주소가 달라졌으며, 정산 이병휴와 주고받은 편지도 많다.

소남 종가에는 문집에 실리지 않은 편지라든가 『장자행장』 등의 글이 상당수 전한다. 소남은 한시도 많이 지어 성호와 주고받은 자취가 『성호전집』에 여러 편 보이지만 『소남선생문집』에는 한시가 따로 실려 있지 않고 「성호선생 수일 하사(星湖先生壽日嘏詞)」에 몇 수 보일 뿐이다. 이러한 글들을 통해서 소남 학문세계의 일면을 찾아보기로 한다.

1) 자신을 반성하고 스스로 터득하는 학문 방법

소남은 반드시 『소학(小學)』을 기본으로 삼아 순서에 따라 배우도록 하였으므로 7, 8세의 어린아이라 하더라도 모두 절하고

읍(揖)하며 나아가고 물러나는 예절을 알게 하였다. 재주가 높고 낮음에 따라 가르치는 방법이 달랐지만, 대체로 자신을 반성하고 스스로 터득하도록 하는 것을 위주로 하였다. 특히 주자와 퇴계를 강조하여, 제자들에게 이렇게 가르쳤다.

"학문을 하는 방법은 주자서(朱子書)에 다 들어있다. 제자와 문답하며 사람에 따라 침(針)을 주듯이 교훈하였기에 후인들이 증세에 따라 치료하는 약이 모두 이 책 속에 들어 있으니, 독자들은 자신에게 알맞은 가르침을 취하여 실행해야 한다."

"퇴계는 주자를 잘 배운 분이다. 온유하고 겸손한 속에 천 길의 절벽처럼 우뚝한 기개가 있으니, 퇴계는 바로 우리나라의 주자이고 백세(百世)의 사범(師範)이다. 따라서 후학들은 퇴계를 사표로 삼아야 한다."

당시 학자들 가운데 비루한 자들은 주석(註釋)하는 학문에 빠져들어 연구하는 것만 일삼되 세속에 적용하는 것을 능사로 여기고, 또 고상한 자들은 신기한 논설을 좋아하여 새로운 문장을 만들되 남보다 우세하려는 뜻을 가졌다. 소남은 이 두 가지를 모두 나쁘게 여겨, 이렇게 말하였다.

"이와 같이 학문하는 것은 자신을 위하는 학문이라 하더라도 모두 남을 위하는 학문이니, 과연 무슨 이익이 있겠는가."

소남이 말한 '자신을 위하는 학문', 즉 위기지학(爲己之學)은 자신의 이익만을 내세우는 이기주의와는 엄격히 구별되니, 자기 개인의 사리사욕을 충족시키기 위해서 공부한다는 뜻은 아니다. 『논어』「헌문(憲問)」편의 "옛날의 학자는 자기를 위해 학문했으나, 오늘날의 학자는 남을 염두에 두고 학문한다"라고 한 데서 비롯된 말이다. 자신의 언행이 마땅한가를 스스로 반성하여 그 실현 근거를 자기 속에서 발현하고, 자기수양을 위주로 한다는 뜻이다. 소남은 남에게 보이기 위한 학문, 즉 위인지학(爲人之學)을 거부하고 철저하게 학문과 윤리실천의 주체를 자아(自我)에 두었다. 그는 독서하는 법에 대해서 이렇게 말하였다.

> 익숙히 읽고 세밀히 완미하여 본뜻을 알려고 힘써야 한다. 이리저리 읽어 나갈 때 의심나는 데가 없을 수 없으니, 의심나는 것은 그때그때 적어 놓아 자신의 학문의 진도를 점쳐 보아야 한다. 그러니 무엇 때문에 여러 사람들의 말을 채취하고 여러 서적의 문구를 찾아내어 한 단락마다 자신의 말을 해야만 실학(實學)이라 하겠는가.
>
> 옛사람의 말을 따르기만 하면 힘이 덜 드니, 자신의 의견으로 억측하여 이론(異論)을 제기하는 것은 옳지 않다. 만약 책을 저술하여 후세에 전하려고 한다면 마음이 벌써 다른 데에 가 있는 것이어서 자신을 위하는 학문이 아닌 것이다. 옛사람의 서책도 오히려 다 읽을 수 없으니, 자신이 지은 서책이 무슨 필요가 있겠는가.

이렇게 자신의 학설을 내세우지 않고 고전의 본뜻을 알기에만 힘쓰다 보니, 소남의 학문은 새로운 것이 없다는 인식을 받게 되었다. 성호학파 내에서도 서학(西學)과 참신한 문장을 주도했던 이가환(李家煥)이 정조의 총애를 받게 되자 이동직이 1792년에 정조에게 이가환의 문체를 문제 삼아 상소하였다. 정조가 이가환을 두둔하다 보니, 당시 유행하던 불순한 문체는 박지원(朴趾源)과 그의 저작인 『열하일기(熱河日記)』에 근원이 있다고 하여 박지원으로 하여금 순정한 고문을 지어 바칠 것을 명하였다. 정조의 문체반정(文體反正)이 시작된 것이다.

이는 물론 소남이 세상을 떠난 뒤의 일이지만, 이때에도 이미 학자이기 전에 사람이 되고자 했던 소남의 학문방법에 매력을 느낀 제자나 후학이 많지는 않았다.

2) 전방위에 걸친 소남의 글쓰기

소남은 자기 이름을 내세우기 위해 새로운 글을 짓기보다 선현의 글 속에 담긴 뜻을 제대로 아는 것이 중요하다고 생각했기에, 한 가지 주제를 파고드는 저술이 많지 않다. 안정복은 「소남선생행장」에서 그의 저술을 이렇게 소개하였다.

> 이리하여 (선생이) 저술한 문장 가운데 전할 만한 것이 없고 대략 지(志), 의(疑) 몇 권만 있다. 여러 경서에 대해서도 모두 설(說)을 지었다. 『서경』의 「우공(禹貢)」에 대해서는 별도로 「산천연혁고(山川沿革考)」가 있고, 『주역』에 대해서는 「계사설(繫辭說)」이 있으며, 『춘추』에 대해서는 「불개월변(不改月辨)」·「제희공설(躋禧公說)」이 있고, 『주례(周禮)』에 대해서는 「종률합변의(鍾律合變疑)」·「선궁구변동이변(旋宮九變同異辨)」이 있다.
> 만년에는 『의례(儀禮)』에 대해서 더욱 공력을 다하였는데, 주(註)·소(疏)가 너무도 많아 학자들이 다 읽어 볼 수 없는 데다 주·소의 내용에 모순되는 데가 많으며, 『속통해(續通解)』의 취

하고 버린 것도 허술하고 누락된 부분이 있기 때문에 정리하려
고 하였지만 미처 하지 못했다.

『가례(家禮)』에 대해서도 「편차선후변(編次先後辨)」이 있는데,
이상의 변(辨), 설(說)은 모두 변경할 수 없는 말들이다. 『가례』
의 변에 대해서는 나도 간여하여 논란한 것이 있었는데 일치되
는 것을 보지 못하고 선생이 세상을 떠났으니, 아! 슬프다.

당론(黨論)이 유행하는 시대에 처해 있으면서도 실학을 말할
경우에는 사람들이 (당파를 가리지 않고) 모두 선생을 추앙하였
으니, 이러한 것이 어찌 공연히 그러하였겠는가.

선생은 늘 우리나라 사람들이 우리나라의 일에 대해서 전혀
모르는 것을 개탄하고는 여러 사서(史書)를 참고하여 자수(訾
水)·열수(洌水)·패수(浿水)·대수(帶水)의 사수변(四水辨)을 저술
하였고, 상위(象緯)·역법(曆法)·지리(地理)·강역(疆域)의 학문
과 의방(醫方)의 소문(素問)·운기(運氣)와 산수(算數)의 개방(開
方)·염우(廉隅)의 법에 대해서도 모두 연구하였다.

그는 역학(易學)에 대해서도 관심을 두었는데, 특히 양웅(楊雄)의
『태현경(太玄經)』과 『한서(漢書)』「오행지(五行志)」에 대해 안정복과
토론을 벌였다. 안정복이 소남 행장에서 그 결과를 이렇게 평가하
였다.

계사년(1773) 여름에 나에게 편지를 보내어 이렇게 논하였다.
"『태현경』과 『한서』의 오행지의(五行志疑)와 하도낙서설(河圖
洛書說)은 후대의 구양공(歐陽公)의 말에서 나온 것이니 이러한

것을 생각해 봐야 하고, 주염계(周濂溪)의 『태극도설(太極圖說)』
도 『태현경』의 「현리편(玄攡篇)」의 문장을 인습한 것이다."(줄임)

우매한 내가 미처 회답을 올리지 못했으나, 그 말이 착착 맞
았으니 이전 사람이 분명히 설명하지 못한 것을 밝혀냈다고 이
를 만하다. 아! 훌륭하여라.

유고(遺稿) 몇 권이 (선생의) 집에 소장되어 있다.

그는 성리학에서 스승을 이어 퇴계의 학설을 계승하였으며, 퇴
계를 동방의 주자라고 하면서 학자의 모범으로 삼아야 한다고 숭
배하였다. 따라서 사단칠정론에서도 이익의 『사칠신편(四七新編)』
의 논리를 계승하였다.

그러나 이러한 저술이나 『소남선생문집』이 대부분 소남 종가에
만 전해지고 문집이나 단행본으로 간행되지 못하여 조선시대 학자
들만 읽어볼 수 없었을 뿐 아니라, 지금도 고전번역원의 한국문집
총간에 들어 있지 않아 검색하거나 활용할 수 없다.

3) 소남 종가 바깥에 전하는 소남의 문헌

스승이나 선후배들과 편지를 주고받으면 그 편지는 대부분 수
신자의 집에 보관되어 전해지기 마련이다. 그러나 소남 경우에는
소남이 발신인이었던 편지들이 대부분 종가에 전해진다. 소남이
세상을 떠나자 손자 신이 문집을 편집하기 위하여 상당수 찾아왔
기 때문이다. 소남이 성호에게 백 편이 넘는 편지를 보냈지만 성호
기념관에 소남의 편지가 없는 것도 이 때문이다.

현재 외부 도서관에 소장되어 열람할 수 있는 소남의 저술로는

『소남공유고초(邵南公遺稿抄)』와 『성호징사묘지(星湖徵士墓誌)』등 2
종뿐인데, 모두 성호 후손집에서 편집하여 전해지다가 국립중앙도
서관 성호문고로 이관된 책들이다.

　『소남공유고초』는 제목만 보아서는 『소남공유고(邵南公遺稿)』나
『소남선생문집』의 등초본(謄抄本)같이 보이지만, 소남이 성호에게
지어 보낸 글 가운데 시와 편지를 제외한 글만 편집한 책이다.

　소남은 성호의 제문을 세 차례 지었다. 성호가 세상을 떠난
1763년에는 병으로 누워 있어서 손자 신이 제문을 가지고 와서 문
상했으며, 1764년 2월에 차도가 있어서 안산에 직접 찾아와 제문
을 바쳤다. 삼년상을 마치던 1765년 12월에 세 번째 제문을 지어
안산에 보냈다.

　성호 문중에서는 이 제문들에 「제성호선생문(祭星湖先生文) 계미
(癸未)」, 「재제성호선생문(再祭星湖先生文)」, 「삼제성호선생문(三祭
星湖先生文)」이라는 제목을 붙이고, 회갑에 지은 「성호선생 수일 하
사(星湖先生壽日嘏詞)」, 83세에 첨지중추부사(종2품)의 수직(壽職)을
받자 축하하여 지은 「성호 이 선생 팔십삼세 수직 소서(星湖李先生
八十三歲壽職小序)」와 함께 『소남공유고초(邵南公遺稿抄)』를 편집하
였다.

　「성호선생수일하사(星湖先生壽日嘏詞)」는 1741년 성호의 회갑을
축하하는 글이다. 서문과 사언 8구 3수, 사언 12구 3수로 이루어져
있다.

　　신유년(1741) 10월 18일은 성호 선생의 회갑 생신이다. 회갑
　에 잔치를 하는 것이 어느 시대부터 시작되었는지는 알 수 없지

만, 근래에 더욱 성해졌다. 선생께서는 정자(程子)의 "더욱이 어찌 술상을 차리겠느냐"는 가르침을 준수하셨으니, 어찌 삼가 준수하여 분수를 지키려 하신 것이 아니겠는가.

선대부 매산공(梅山公)이 이해에 유배되었다가 이듬해에 또 세상을 떠났으므로, 선생의 회갑을 마침 이 두 해의 사이에 맞

星湖先生壽日頌詞
之月己酉十八日星湖先生之回甲晬暇也夫回甲
始何世而近來尤盛先生遵程子更安忍置酒之訓
而已昔大夫梅山公以是年遷謫明年又
揥舘舍之藏而先生之回甲適當兩歲之間先生是以痛慕愈
甚不許家人之徇俗設酌其意可法而行也蓋曲徇人情而不
孤露哽愴當生衰病杜門為辭然其在及門之士或有獻酬
之物則有時受而不却如答陳同甫書可見蓋其困於貧窶無
禁其誠願也在今做而行之似無不可惟某也
以為禮且適有事先君不可躬行酌證奉觴酒蕪詞敬拜送
以獻于先生座下詩凡六章三章章八句三章章十二句非敢
曰善頌善禱聊以達小子之誠云爾

성호 회갑에 지은 축시
「성호선생수일하사」 서문

이하게 되었다. 선생이 이로 인하여 더욱 슬퍼하고 사모하여, 가족들이 시속을 따라 술잔치 차리는 것을 허락하지 않았으니, 그 뜻이 본받아 행할 만하다.

예전에 회암(晦菴) 부자께서도 또한 어버이를 여읜 슬픔으로 생일날 아침에 병들었다고 문 닫아걸고 사양하였지만, 제자들이 술잔을 올리면 때에 따라 물리치지 않고 받기도 하셨으니, 「답진동보서(答陳同甫書)」에서도 볼 수 있다. 인정에 따라 그 성의를 금하지 않은 것이다.

지금 그러한 전례를 본받아 행해도 안될 것이 없을 듯하지만, 아무개는 살림이 곤궁하여 예를 차릴 수 없는 데다가 마침 선군(先君)의 제사가 있어 직접 찾아가 뵙고 술잔을 올릴 수가 없다. 삼가 한 잔 술과 난잡한 글을 감히 선생께 절하여 바치고 보내 드리니, 시가 모두 6장으로, 3장은 8구이고, 3장은 12구이다.

감히 선송(善頌) 선도(善禱)했다고 말하는 것이 아니라, 소자(小子)의 정성을 아뢰었을 뿐이다.

정이천이 『소학』을 설명하면서 "사람이 부모가 없으면 생일에 갑절이나 슬프다. 더욱이 어찌 차마 술상을 차리고 음악을 연주하며 즐기겠는가? 만약 부모가 다 계시면, 그렇게 해도 된다.[人無父母, 生日當倍悲痛, 更安忍置酒張樂以爲樂, 若具慶者可矣.]"고 가르쳤으므로 성호가 회갑 잔치를 하지 않으려고 했다. 아버지 매산 이하진이 경신년(1680)에 운산으로 유배되었다가 임술년(1682) 6월에 세상을 떠났으므로, 그 사이에 낀 신유년에 유배지에서 태어난 성호로서는 즐겁게 잔치할 수가 없었던 것이다.

동보(同甫)는 학자들이 용천 선생(龍川先生)이라 불렀던 진량(陳亮)의 자인데, 주자와 십여 차례 편지를 주고받으며 왕패(王霸)와 의리(義利)의 문제를 논하였다. 소남이 성호에게 술잔을 올릴 수 있는 전례를 찾아본 것이다.

진(晉)나라 대부 헌문자(獻文子)가 새집을 준공하자 대부들이 가서 축하하였다. 그 자리에서 장로(長老)가 "규모가 크고 화려하여 아름답도다. 제사(祭祀) 때에도 여기에서 음악을 연주하고, 상사(喪事) 때에도 여기에서 곡읍(哭泣)하며, 연회 때에도 여기에서 국빈과 종족을 모아 즐기리로다.[美哉輪焉. 美哉奐焉. 歌於斯. 哭於斯. 聚國族於斯.]"라고 축하하였는데, 새집이 지나치게 화려한 것이 싫었으므로 그 자손들이 다시 이런 화려한 집을 짓는 일이 없도록 예방하고자 한 것이다. 문자가 그 뜻을 알아차리고 장로의 말을 되풀이하며 두 번 절하고 머리를 조아리자, 군자들이 축사도 잘하고 답사도 잘했다[善頌善禱]고 칭찬한 일이 『예기(禮記) 단궁하(檀弓下)』에 보인다. 여기서는 소남 자신이 축하한 뜻을 주인이 너그러이 받아들여 주기를 바라서 말한 것이다.

> 즐겁고도 평안하니
> 바다의 동쪽이로다.
> 당의 모퉁이
> 비좁은 방에 들어앉으셨네.
> 군자가 거처하시니
> 머무시기에 알맞구나.
> 이순의 경사를 누리며

조화의 이치를 알아 통하셨네.
思樂維安、惟海之東。
有堂斯廉、環堵之宮。
君子攸芋、其處也中。
耳順之慶、知化之通。

　　사언(四言)의 『시경』체인데다가, 글자도 『시경』을 비롯한 경전
에서 많이 가져와 장중한 느낌을 주는 시이다. 사락(思樂)은 『시경』
「반수(泮水)」의 "즐거운 반수에서 잠깐 그 미나리를 캐노라.[思樂泮
水, 薄采其芹]"라는 구절에서 가져온 글자이며, 당렴(堂廉)은 『주자
대전(朱子大全)』 「의례석궁(儀禮釋宮)」의 "당의 옆 모서리를 당렴이
라 한다.[堂之側邊曰堂廉]"라는 설명에서 가져온 글자이다. 비좁은
방에 머물면서도 즐겁고 평안한 성호의 인품을 칭송하였다.

　　환도지궁(環堵之宮)은 조그만 집, 작은 흙담집인데, 성호장을 양
웅이 태현경을 저술한 서재에 비유한 표현이다. 양웅이 자신의 태
현경을 장독 덮개로 써도 좋다고 자부한 고사를 가져다가 장유(張
維)가 「장독 덮개용 책이라는 비평을 해명함[覆醬瓿解]」이라는 글을
지었는데, 그 첫 문장을 '환도지궁(環堵之宮)'으로 시작하였다.

　　양자(揚子)가 한창 『태현경』을 저술할 때에 비좁은 방에 들어
앉아 문을 닫고 잡념을 물리친 채 우주의 원리를 골똘히 생각하
였다.[揚子方草玄, 處乎環堵之宮, 閉戶却掃, 潭思渾天.] 밑으로는
바다 속 깊은 데까지 들어가고 위로는 구천(九天)의 문을 넘나
드는가 하면 크게는 무한대의 포용력을 발휘하고 작게는 빈틈

없는 분석력을 쏟아 내는 가운데 두루 감싸고 대규모로 조합해서 마침내 10여만 언(言)의 저술을 완성하였다.

『태현경』을 평생 연구하던 소남이 성호의 서재를 '환도지궁'이라고 표현한 것은 3간의 규모만 가리킨 것이 아니라 그 안에서 "문을 닫고 잡념을 물리친 채 우주의 원리를 골똘히 생각하는" 스승의 학문세계를 끌어오기 위한 것이다.

『시경(詩經)』 소아(小雅) 「사간(斯干)」에 "비바람 들어오지 않고 새나 쥐가 없어진 집, 바로 군자의 거처로다.[風雨攸除, 鳥鼠攸去, 君子攸芋.]"라고 하였으니, 3간의 성호장이 바로 군자가 머물기에 알맞은 곳이었다.

『주역』 「계사전 하」 5장에 "자벌레가 몸을 굽히는 것은 장차 펴기 위해서이고, 용과 뱀이 땅속에 들어앉은 것은 몸을 보전하기 위해서이다. 마찬가지로 사람이 정의입신(精義入神)하는 것은 장차 극진하게 쓰기 위해서이고, 이용안신(利用安身)하는 것은 덕을 높이기 위해서이다. 이 단계를 지나서 더 나아가면 혹 헤아릴 수도 없으니, 궁신지화(窮神知化)하여 덕이 성대한 경지에까지 이를 것이다."라고 하였다.

사물의 신묘한 변화를 궁구하여 조화의 이치를 아는 것이 바로 궁신지화(窮神知化)이다. 8구 제1장은 성호가 예순이 되면서 공자가 말한 이순(耳順)의 경지에 이르렀을 뿐만 아니라 아니라 '궁신지화(窮神知化)'에 통하였음을 축하한 시이다.

『성호징사묘지(星湖徵士墓誌)』는 국립중앙도서관 검색사이트 저자사항에 "李秉休; 尹東奎; 蔡濟恭 共著"로 되어 있는데, 이병휴가

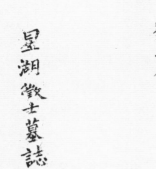

星湖先生行狀

先生姓李氏諱瀷字子新居廣州先墓下瞻星里故
自號星湖其先驪興人八世祖兵曹判書贈左參
贊諡敬憲公諱繼孫以文學起家嘗爲北伯有文翁
之敎北人至今建院祀以先師云曾祖諱尚毅議政
府左贊成贈領議政諡翼獻公當·宣廟朝以謹
慤持重有名公卿開祖諱志安司憲府持平贈吏
曹參判考諱夏鎭司憲府大司憲以文
章節行力扶淸議請醫許文正公穆不容於朝左遷
晋州牧繼黨事起用事者必欲致重興攎攄無所得

『성호징사묘지』 표지　　　　　　　　『성호징사묘지』 가운데 소남이 지은 행장

지은 「성호징사 이부군 묘지(星湖徵士李府君墓誌)」, 소남이 지은 「성
호선생행장」, 채제공이 지은 「성호 이 선생 묘갈명(星湖李先生墓碣
銘)」을 함께 편집한 책이다. 서문이나 발문이 없어서 누가 언제 편
집했는지 알 수는 없지만, 성호 문중에서 편집하여 전하던 책이다.
소남이 74세 되던 1768년 9월에 지은 행장이 절반 분량을 넘는다.

4) 순암과의 토론을 통해 학문이 진전되다

사단칠정론에 관해 신후담, 이병휴와 논쟁한 사연은 『사칠신편』
항목에서 이미 소개했으니, 안정복이 쓴 편지들을 통해 가장 친했
던 선후배의 토론을 소개하기로 한다.

소남 윤 장 동규에게 보냄(與邵南尹丈東奎書) 정묘년(1747)

『서경(書經)』작업은 이제 몇 권까지 진척을 보았는지요?(줄임) 저의 어리석은 생각에는 아마도 13사(祀)라는 것은 주(紂)의 13사이고, 무왕은 서백(西伯)의 세자(世子)로서 왕국(王國)에 일이 있어 갔다가 기자가 홍범(洪範)에 밝다는 말을 듣고 찾아가서 물었던 것이며, 무왕을 왕이라고 칭한 것은 사씨(史氏)가 뒤에 그 사실을 기록했기 때문이라고 봅니다. 어떻게 생각하시는지요?

소남 윤 장(尹丈)에게 답함 무진년(1748)

내씨(來氏)의 역설(易說)을 아직 다 보지는 못했으나 대의(大義)는 상(象)을 위주로 하여, 글자 하나 구절 하나가 모두 설괘(說卦)와 들어맞아 다 일정한 귀결이 있으니, 얼핏 보면 놀랄만한 말들이 많은 듯합니다. (줄임)

의리는 그야말로 공물(公物)인데 내공은 제멋대로 가져다가 자기 소유물인양 여기고 조금 깨달은 것이 있다 싶으면 그만 의기양양해서 비록 정자·주자가 한 말이라도 조금도 가차 없이 반박하여 기상이 협착하니, 결코 도를 아는 자가 아니라고 생각됩니다. 어떻게 생각하십니까?

성호 선생에게 올린 편지 병자년(1756)

창해(蒼海)와 삼한(三韓)의 이름은 하교에 의하여 고이(考異)속에서 자세히 논하였고, 그 밖의 지명도 조금은 단서가 보이나 단지 옛 문적의 근거가 있는 것만 다룰 뿐입니다. 윤 장께서

"『전한서(前漢書)』의 지리지(地理志)가 가장 명백하니 모두 따를 만하고 우리나라의 땅은 정사를 따라야 한다."하시니, 이 말씀이 옳을 것 같습니다.

한사응에게 보내는 편지 경인년(1770)

윤 장은 혼륜(渾淪)의 설이 나올 적마다 이(理)와 기(氣)를 하나로 보는 병통이 있을까 염려하여 반드시 배척하려고 하는데 이는 지나친 것 같습니다. (줄임)

윤 장이 그의 설을 극력 배척한 것은 모두 근거가 있기 때문인데, 저는 여기에 일정한 견해가 없기 때문에 감히 가부(可否)를 논할 수 없고, 소견이 진전되면 궁구해보려 합니다. 저에게 물으신 사칠설(四七說)은 범연히 묻기만 하고 열거한 조목이 없으므로 그대의 뜻이 어디에 있는지 모르겠습니다만, 피차의 시비(是非) 쟁점(爭點)을 대략 별지에 써서 고합니다.

연대별로 몇 통의 편지를 소개했는데, 안정복은 대체로 소남의 설을 수긍하고 옹호하였다. 그러나 표현은 부드럽게 하면서도 선배의 잘못을 지적할 때에는 양보하지 않았으니, 그러한 지적과 비판, 수용과 수정을 통해서 성호학파의 학풍이 다져지고 외부로부터도 인정받게 된 것이다.

안정복이 소남과의 편지 문답이나 그의 학설 인용을 얼마나 즐겼는지, 「순암선생연보」를 통해서 몇 가지 찾아보기로 한다.

1752년(41세)

○정산(貞山) 이경협(李景協)의 편지에 답하다. 이공(李公)의 이름은 병휴(秉休)이다.

이공이 공정한 희노(喜怒)는 이발(理發)이라는 설을 가지고 소남 윤동규와 더불어 서로 쟁변(爭辨)하였는데, 이때에 이르러서 선생에게 물은 것이다. 선생이 답한 편지는 대략 다음과 같다. (줄임)

사단의 경우는 어진 자나 어리석은 자를 막론하고 느낌에 따라 발하여, 사사로운 뜻으로 헤아리기를 기다리지 않고 나에게 갖추어져 있는 인의예지(仁義禮智)의 본성에서 바로 나온 것입니다. 이 때문에 '이(理)가 발한 것'이라고 하는 것입니다. 윤 장께서 말한 확충(擴充)이란 말은 참으로 꼭 들어맞는 말입니다.

1755년(44세)

○소남 윤동규에게 편지를 보내다.

상제(喪制)의 변제(變除)의 차례와 갈질(葛絰)의 제도에 관해 논하였다.

○6월에 소남 윤동규의 편지에 답하다.

학자들이 먼 데 있는 것은 힘쓰면서 가까운 데 있는 것은 소홀히 하는 폐단을 논하였는데, 그 편지는 대략 다음과 같다.

"(줄임) 본조(本朝)에 와서는 선배들 가운데에 이학(理學)으로는 『자경편(自警編)』이고, 문장으로는 『고문진보(古文眞寶)』라고 말하는 사람이 있을 정도로 취향이 높지 못하였습니다. (줄임)

장구(章句)와 사리(事理) 상에서만 왔다 갔다 하면서 도리어

심신(心身)과 일상(日常)의 문제에 대해서는 소홀히 하기 때문에, 자신도 모르는 사이에 절도에 지나친 걱정이 있음을 면치 못하는 것입니다. 그리하여 선생께서 말씀하신 이른바 '진실체당(眞實體當)' 네 글자에는 미처 갈 겨를이 없게 되니, 그 얼마나 탄식할 일입니까. 저 자신도 늘 이것으로 경책을 하면서도 스스로 분발할 수 없음을 병통으로 여기고 있습니다. 그런데 지금 먼저 터득하신 말씀을 해 주시니, 얼마나 다행인지 모르겠습니다."

1759년(48세)
○2월에 소남 윤동규에게 편지를 보내다.
『시경』의 뜻을 논하였다.

1764년(53세)
○12월에 소남 윤동규에게 편지를 보내다.
스승의 복제(服制)에 대하여 논하였는데, 그 편지는 대략 다음과 같다.

1768년(57세)
○5월에 소남 윤동규에게 편지를 보내다.
상(殤)에는 입후(立後)하지 않는 뜻에 대해 논하였다.
○11월에 소남 윤동규에게 편지를 보내다.
『대학(大學)』 청송장(聽訟章)에 대하여 논하였다.

1770년(59세)
○윤5월에 소남 윤동규에게 편지를 보내다.

1771년(60세)

○3월에 소남 윤동규의 편지에 답하다.

소남이 편지를 보내어서『역경(易經)』본의(本義) 가운데 의심 스러운 부분과『고려사』및『강목』가운데 고려(高麗) 묘제(廟制) 의 의심스러운 부분을 물어왔으므로 선생이 변석(辨釋)하여 답 한 것이다.

안정복이 35세에 성호학파에 입문하여 소남이 세상을 떠나기 직전까지 편지를 주고받으며 토론하였다. 성호가 1763년에 세상 을 떠난 이후에는 스승처럼 가르침을 부탁하고, 선배의 의견에 문 제가 있으면 바로잡아 준 것이다.

『소남선생문집』에는 순암에게 보냈던 편지 162통이 실려 있고, 이 가운데 친필 편지 118통이 소남 종가에 남아 있다. 이 편지들이 모두 번역되면「순암선생연보」의 내용이 더욱 충실해질 것이다.

생활 속의 예학과 도남촌 공동체

성호학파의 연구 주제 가운데 하나가 예학이어서, 성호나 소남 의 문집에 예설(禮說)이 많이 실려 있다. 성호는 가례(家禮)에 정해 져 있는 예법을 글자 그대로 지켜야 하는 것은 아니고, 생활 형편 에 맞게 지키라고 제자들에게 가르쳤다. 소남도 아들 광로의 장례 때에 검소하게 지낸 편이지만, 친지들의 도움을 얻었다는 소식을 듣고는 성호가 분에 넘침을 지적하였다. 성호학파의 구성원들이 대부분 노론 정권의 견제에 의해 정치적으로 소외되다 보니, 경제적으로도 궁핍하게 되어 서민의 생활에 맞는 예법을 궁리하게 된 것이다.

소남이 1754년에 맏아들 광로의 장례를 치르면서 성호에게 질문하자 성호가 현실적인 방안을 제시하였다.

예에 의거하면 대부(大夫)와 사(士)는 3개월 만에 장사 지낸다고 하였고, 서인(庶人)에 대해서는 본 것이 없습니다. 공자께서 말씀하시기를 "부유하더라도 예제(禮制)를 넘어서면 안 되고, 가난하여 상구(喪具)를 갖출 수 없으면 염(斂)을 하고서 곧바로 장사 지낸다."라고 하였는데, 진호(陳澔)의 주에 "빈(殯)을 해 놓고 날짜를 기다리지 않는다."라고 하였습니다.

사(士)는 관직이 있는 자이니 (그렇게 할 수 있지만), 서인은 본래 이렇게 해야 합니다. 부자의 말씀은 사를 기준으로 하신 말씀일 것입니다. 7개월, 5개월에서부터 3개월에 이르기까지 각각 등급이 있으니, 서인이 감히 대부나 사와 동등하게 할 수 있겠습니까. 한 달을 넘겨서 장사 지내지 않더라도 갈장(渴葬)이 되지는 않을 것입니다.

궤식(饋食)의 의절(儀節)도 다시 간략하게 해서 살아 있는 사람이 지탱하여 살아갈 수 있게 해야 합니다. 그러므로 우리 집에서 이 일에 대처할 때 모든 제도를 지극히 빈궁한 것을 기준으로 삼아서, 재산이 없으면 여기에서 더 줄일 수는 있지만 부유하다고 해서 감히 더 성대하게 하지 못 하도록 하였고, 따로 『서인가례(庶人家禮)』를 만들었으니, 이렇게 해야 당장 파산하는 것을 면할 수 있습니다. 사방에서 비방한다고 하더라도 그것을 걱정할 필요는 없습니다.   – 『성호전집』 권12 「답윤유장 갑술」

　그동안의 가례는 경제력이 뒷받침되는 사대부를 대상으로 한 것이니, 이제부터는 서인을 대상으로 한 가례를 연구하여 정착시키고 우리부터 솔선하여 수범하자고 성호가 현실적으로 제안하였다. 기물과 도수를 줄이는 행위가 주변으로부터 비난받을 가능성까지 염두에 두고, 『성호예식』을 실천한 것이다.
　『성호예식』이 편집되자, 소남이 서문에서 예학의 기본정신을 이렇게 설명하였다.

　　예전에 우리 성호 선생께서 관혼상제 사례(四禮)를 증수(增修)하여 일가의 규범으로 삼았다. (줄임) 세상에 모범적 풍속을 베풀어, 후인에게 끼치신 은혜가 많다. 이것이 바로 한비자(韓非子)가 말한 이민(利民)이니, 널리 백성을 생각하는 점이 깊다. 성인 공자께서 "집안의 경제적 형편을 가늠하여 불손하기보다는 차라리 고루한 것이 낫다"고 하신 말씀에 근거한 것이니 선진(先進)의 유의(遺意)에 따른 것이며, 주자께서 말씀하신 "겉치레인 형식을 생략하고 근본인 실제를 펼치라"는 가르침에도 어긋나지 않는다.

　겉치레인 형식[浮文]보다 근본인 실제[本實]를 중요하게 여겨서 백성을 이롭게 하는 것이 바로 실학의 출발이다. 소남이 제사상 설찬(設饌)할 때에 『주자가례』와 달리 평소에 식사하는 것처럼 왼쪽에 밥을 놓고 오른쪽에 국을 놓자고 제안한 것도 현실생활을 중요 시한 가례의 실천 방안이다.

선조를 받드는 예절에 있어서는 더욱더 신중하였다. 교하(交 河)와 와동(瓦洞)은 바로 두 분 부원군의 분묘가 있고 여러 대 의 선영이 있는 곳인데, 선생이 여러 종족들과 시제(時祭) 지내 는 예를 강론하여 정하고 해마다 자신이 직접 그곳에 가서 제 전(祭奠)을 올렸다. 이튿날에는 종친회를 가짐으로써 화목을 돈

독히 하는 정의를 펼쳤고, 이러한 것으로써 영원히 일정한 규
례로 삼았다.
- 「소남선생 윤공 행장」

소남은 생활 속에 예학을 실천하는 방법 가운데 하나로 종회(宗
會) 활동에 적극적으로 참여하여 자신의 학문적인 견해를 실생활
에 반영하였다. 종회의 일정한 규례를 종약절목(宗約節目)으로 문
서화하였으며, 이러한 종회 활동에서 문장공(門長公)의 시에 차운
하여 짓기도 하고, 항렬자를 정하기도 하였다.

이름자로 항렬을 나타내는 것은 종중(宗中)을 단합시키는 데
있어 그리 대단치 않은 일이다. 그러나 형제의 이름에 동일한
항렬자(行列字)를 쓴 것은 아주 오래전에 시작된 일이고, 그 뒤
로는 촌수가 먼 형제 사이에도 항렬자를 썼다. (줄임)
자손 된 자가 이에 생각이 미치면 조상의 마음을 실감하여 효
도와 우애, 일가친척의 단합을 위한 일에 저절로 힘쓰지 않을
수 있겠는가? 만약 촌수가 멀다 하여 항렬자를 쓰지 않는다면
형제간·숙질간임을 모르고 남남이 될 것이다. (줄임)

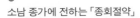
소남 종가에 전하는 「종회절약」

우리 족조(族祖) 소남공(邵南公)께서 이를 염려하시어 지난 을유년(1765) 교하(交河)의 묘소에 시향(時享)을 올리고 나서 일가를 종가(宗家)에 모아 놓고 논의하여 정평공(靖平公)의 12세손부터는 모두 항렬자로 이름을 짓게 하였다. 우선 '배(培)'자를 이름의 두 글자 중 아랫자로 쓰고, 그다음 항렬부터는 오행(五行)의 차례를 순환 반복하여 따르도록 하였으니 그 뜻이 매우 훌륭하였다. 앞으로 정평공의 자손들은 서로 남남이 아닌 형제로 여길 것이니 아름답지 않은가?

그러나 만약 항렬자를 미리 정해 두지 않는다면 오랜 세월이 흐른 뒤에 서울과 지방 각지의 일가붙이가 서로 어떤 글자를 사용하는지 알지 못하여 결국 항렬자가 서로 달라지는 사태를 면치 못할 수도 있다. 이것이 어찌 종중을 단합시키고 조상을 높이려고 한 소남공의 간절한 본의(本意)에 맞는 일이겠는가.

이에 감히 나의 불초함을 헤아리지 않고 항렬자로 쓸 여덟 글자를 다음과 같이 정한다.

"배(培), 선(善), 영(永), 수(秀), 용(容), 덕(德), 진(進), 유(裕)"

이 글자로 이름을 짓되 한 번은 윗자, 한 번은 아랫자로 번갈아 사용하면 좋겠다. 오행이 서로 이어지는 가운데 서로 북돋아준다는 뜻과 무궁하다는 뜻을 함께 담았는데, 이는 나의 바람이기도 하다. 8대 이후에는 또 이를 이어 종중의 단합을 도모하는 사람이 분명 나올 것이다. (줄임)

임자년(1792) 12월 6일 정평공의 11대손 윤기(尹愭)가 삼가 씀.

소남이 정한 '배(培)'자는 증손자 극배(克培)의 항렬자인데, 족손 윤기(尹愭)가 「항렬자(行列字)를 정하고[輩行相繼錫名說]」라는 글을 지어서, 소남의 뜻을 후대에까지 계승하자고 제안하였다. 극배(克培) 이후에 소남 종손들의 이름이 선일(善一), 석구(石求), 지수(芝秀), 구용(九容), 재덕(在德), 형진(亨進)으로 이어졌으니, 양자로 들어온 석구 이외에는 모두 윤기가 정해 놓은 항렬을 지켜 지었다. 이제 마지막 글자까지 다 사용하였으니, 윤기의 예언대로 종중의 단합을 도모하는 사람이 다시 나와서 다음 세대의 항렬자를 정할 때가 되었다.

소남 당시에 파평 윤씨 문중의 숙제 가운데 하나가 시조인 문숙공(文肅公) 윤관(尹瓘, ?~1111)의 묘를 찾아내는 것이었다. 윤관은 고려 태조의 건국을 도왔던 삼한공신(三韓功臣) 윤신달(尹莘達)의 고손자로, 1104년에 동북면행영도통(東北面行營都統)이 되어 4년

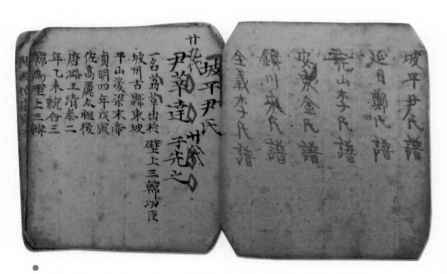

소남 종가에서 명함보다 작게 작성한 절첩본 가승 첫 장이 윤신달부터 시작된다.

동안 여진을 정벌하였다. 점령지에 9성을 쌓아 남도 지방의 이주민들이 이곳을 개척해 살게 하고, 함흥평야의 함주에 대도독부(大都督府)를 두어 중요한 요충지로 삼았다. 1108년 3월 30일에 포로 346명, 말 96필, 소 300두를 노획해 개경으로 개선하여 문하시중(門下侍中)에 봉해졌다.

순암이 소남행장을 지으면서 첫 부분을,

선생은 성이 윤씨요, 휘가 동규이며, 자가 유장인데, 파평 사람으로서 고려 초기의 태사(太師) 신달(莘達)의 후손이자 문숙공(文肅公) 관(瓘)의 24대손이다. 조선조에 들어와 세조의 국구(國舅)인 파평부원군(坡平府院君) 번(璠)과 중종의 국구인 파평부원군 지임(之任)이란 분이 더욱 현달한 분인데, 우리나라의 대성(大姓)을 말할 경우에는 파평 윤씨를 으뜸으로 꼽는다.

라고 시작할 정도로 윤관은 파평 윤씨를 대표하는 인물인데, 오랜 세월이 지나면서 묘의 위치를 잃어버려 숙제가 되었다. 평소에 지리를 연구한 소남이 이 묘를 찾아냈는데, 『파평윤씨판도공파보(坡平尹氏版圖公派譜)』에서는 그 사실을 이렇게 기록하였다.

英宗 二十三年 丁卯(서기一七四七年)에 후손 東奎가 그 아들 光魯와 함께 혼사로 長湍 땅에 가다가 마침 그 지역을 지나는 길에 분수원에 이르러 先祖의 遺瑩을 잃고 있음을 느끼고 산 위에서 방황할 때 홀연히 본즉 심 정승 묘의 청룡 위에 다시 사초를 한 위 아래 묘가 있음을 발견하였다. 모두 짧은 비를 세웠으

되 위에는 宣略將軍李好文墓라 쓰여 있고 아래는 執義德水李墓라고 되어 있으며 심 정승의 큰 무덤에는 전부터 비석이 없는 모양이었다. 몇 해 후 다시 산 위를 올라가 본즉 심 정승 묘 아래 큰 무덤이 있되 분묘의 형상이 깎여져 있고 옛 비석이 하나 서 있는데 본즉 이호문의 비석이었다.

그곳 사람들이 말하기를 심 정승의 묘 아래 큰 무덤이 윤시중 묘인데, 옛날에는 묘 앞에 돌사람과 비가 있었고 굽은 담장의 흔적이 있었다고 한다. 그러나 심씨네가 투장(偸葬)하고 석물을 없애버려 자손들이 찾을 수가 없었던 것이다.

소남 부자가 산에서 내려와 모든 종족들과 의논하여 잃어버린 윤관의 묘를 찾기 시작하였다.

소남이 선조 윤관의 묘를 찾아내어 영조에게 승인받기까지의 과정을 논산에 살던 같은 문중의 윤광소(尹光紹, 1708~1786)가 「묘를 찾아낸 사적[尋墓事蹟]」이라는 글로 정리하였다. 윤광소는 명재(明齋) 윤증(尹拯)의 증손으로 논산에 살았는데, 동명이인 윤동규의 아들이다.

『동국여지승람』에 "파주(坡州) 분수원(焚修院) 북쪽에 윤 아무개의 묘가 있다"고 기록되어 있으며, 옛 족보에도 "문숙공(文肅公 윤관) 묘는 파주 분수원 북쪽에 있고, 문강공(文康公 윤언이) 묘도 같은 언덕에 있다."고 하였다.

그러나 지금은 정승 심지원(沈之源)의 묘산(墓山)이 된 지 오래되었다. 종파(宗派)가 잔미(殘微)해진데다가 병란까지 겪다 보니 차츰 지켜내지를 못해 심가(沈家)에게 점거된 것이다. 지금까지도 그곳 사람들이 심지원의 묘 아래에 한 커다란 고총(古塚)을 가리켜 윤시중(尹侍中)의 묘라고 하였는데, 석인(石人)과 비대(碑臺)와 곡장(曲墻)의 흔적이 있었다. 비석은 심씨 집안에서 뽑아내 묻었다고 한다.

자손들이 오랫동안 잃어버린 묘를 찾으려 했지만 이미 비석같이 확실한 증거가 없어졌기에 방황하고 탄식하며 서로 의심만 할 뿐이었는데, 계미년(1763)에 갑자기 심씨네가 분묘의 형태를 깎아내어 작게 만들고 사초(莎草)를 다시 했으며, 이씨네 낡은 비석을 고총 앞에 옮겨다 세웠다. 이씨네 잔약한 자손들을 꾀어서 땅을 떼어주어 제사하게 하였으니, 지금까지의 실정이 이때에 비로소 드러났다.

여러 자손들이 모여서 의논하고 이 증거를 가져다가 따졌으며, 심씨네, 이씨네와 함께 모여서 광(壙)을 조사해보니 위에 만든 것은 거짓 무덤이고 아래에 드러난 것이 진짜 무덤이었다. 심씨네가 고총의 형태를 변개하여 비석을 세우고 흔적을 없앤 사실이 더욱 분명해져 의심의 여지가 없었다. (줄임)

후손인 좌윤(左尹) 면교(勉敎)가 여러 종인(宗人)들을 이끌고 상소하자 상께서 들으시고 선조의 묘를 수축케 하셨다.

－『소곡선생유고(素谷先生遺稿)』 권12 「심묘사적(尋墓事蹟)」

부사직(副司直) 윤면교(尹勉敎) 등의 상소가 1763년 9월 3일에 올라오자, 영조가 이 문제를 재상들과 여러 차례 의논하였다. 윤관이나 심지원이나 둘 다 무시할 수 없는 재상들이었기 때문이었다.

소남이 찾아낸 윤관묘. 사적 제323호. 파주시청 사진

그러나 일 년이 다 되도록 결정이 나지 않자, 이듬해 5월 16일에
윤면교와 유학 윤동규를 비롯한 백여 명의 후손들이 다시 영조에
게 상소하여, 선조 윤관의 묘를 찾아달라고 청하였다.

영조가 이 상소문을 다시 검토하여 6월 14일에 판결을 내렸다.

고려 시중(高麗侍中) 윤관과 고 상신(相臣) 심지원의 묘에 사
제(賜祭)를 명하였다.

당초에 윤관과 심지원의 묘가 파주에 있었는데, 윤씨가 먼저
입장(入葬)하였으나 해가 오래되어 실전(失傳)하니 심씨가 그 외
손으로서 그 산을 점령하고 묘를 썼었다. 이때에 이르러 윤씨
집 자손들이 산 아래에서 비석 조각을 습득하여 심씨 집 자손

과 쟁송(爭訟)하여 끝이 나지 않자, 임금이 양쪽을 모두 만류하여 다툼을 그치게 하고, 각기 그 묘를 수호하여 서로 침범하지 말라고 명하였다. 윤관은 전조(前朝)의 명상(名相)이고 심지원은 아조(我朝)의 명상이라 하여 임금께서 똑같이 제사를 지내게 한 것이다.　　　　　　　　　　　　 - 『영조실록』 1764년 6월 14일

소남이 찾아낸 윤관 묘는 경기도 파주시 광탄면 분수리에 있으며, 사적 제323호로 지정되었다. 시호는 문경(文敬)이었으나, 1130년 예종의 묘정(廟廷)에 배향되면서 수릉(綏陵)의 휘(諱)를 피하여 문숙(文肅)으로 고쳤다. 소남의 생활 속의 예학이 문중의 숙제를 해결한 것이다.

소남이 꿈꾼 생활 속의 예학 실천은 혈연을 기반으로 한 종회에 그친 것이 아니라, 지역을 기반으로 한 동계(洞契)에까지 넓어졌다. 처음에 윤상전이 소성 도남촌에 내려와 터를 닦자, 그 아들과 조카들이 같은 지역의 청주 한씨네와 동계를 결성하였다. 소남이 동계의 필요성을 이렇게 설명하였다.

우리나라 초기에 서울에는 방계(坊契)를 설치하고 지방에는 동촌(洞村)을 설치하여 통호의 법제를 예전 제도처럼 하였다. 그 제도가 지금까지도 남아 있지만 통호(統戶)의 법제는 이름만 있을 뿐, 실제로 효제(孝悌) 임휼(任恤)의 도리는 없어졌다. (줄임)

나의 증조부의 종형제 두 분께서 동네 장로 한공(韓公)과 함께 마을 사람들을 이끌고 처음 동계(洞契)를 설치하였으니, 지금부터 70여 년 전이다.　　　　　　　　　 - 「만신동계서(晚新洞稧序)」

소남의 증조부는 윤명겸(尹鳴謙)이고, 종형은 아마도 족보에 "인천 만지곡에 은거하였다[遯居仁川晚知谷]"고 기록된 윤명신(尹鳴莘)을 가리키는 듯하다. 그는 선교랑(宣教郎 종6품)으로, 좌승지(정3품)에 추증되었다. 윤명겸의 아내가 청주 한씨이니, 이 동계는 지연과 혈연, 혼인으로 맺어진 향촌공동체였다.

향촌에서 혼례나 상례 때에 상부상조하기 위해 조직되었던 동계가 이름만 남아 유명무실해지자, 소남이 1742년 납일(臘日)에 새로 규약을 정리하고 이름을 만신동계(晚新洞稧)라고 고쳤다.

그는 『주례(周禮)』의 향팔형(鄉八刑) 가운데 불효(不孝)·부제(不悌)·불임(不任)·불휼(不恤)의 네 가지만 벌을 주자고 하여, 팔형(八刑)을 다 강제적으로 벌하기보다는 사족(士族)이 모범을 모여 미풍양속을 이루는 방법을 지향하였다. 한 마을의 구성원만으로는 세금이나 부역, 상장(喪葬), 재난 등을 상부상조하기 힘들었으므로, 두 마을을 합하여 경제 규모를 키워 대응하는 방법을 실험해보기도 하였다. 이론만의 예학을 연구한 것이 아니라, 자신이 몸 담고 사는 향촌에서 작은 공동체를 구현해보려 한 것이다.

천주교를 긍정적으로 검토하다

1) 순암이 자주 빌려 가던 소남의 서양책 도서관

성리학 중심으로 연구한 당대의 노론 학자들과는 달리, 남인 중심의 성호학파에서는 성호 자신부터 현실적인 학문에 폭넓게 관심을 가졌으며, 서학이나 천주교를 일단 학문의 대상으로 인정하고 접근하였다.

성호의 안산 서재에는 당대 최고 수준의 서학책들이 소장되어 있어서 남보다 많이 서학책을 읽었으며, 제자들에게도 읽어보도록 권하였다. 그의 집에 서학책이 많은 이유는 그의 아버지 이하진이 중국에 사신으로 다녀오는 길에 고서 수천 권을 사 왔기 때문이다. 성호가 아버지 이하진의 행장을 지으면서 그러한 사연을 설명하였다.

> 정사년(1677) 봄에 (아버님이) 부제학이 되었다. (줄임) 겨울에 사신으로 중국에 다녀오라는 명을 받고 특별히 가선대부(嘉善大夫)의 품계에 승진되었다. (줄임)
>
> (이듬해) 3월에 비로소 하직 인사를 하고 중국에 사신으로 나갔다. 평양에 이르렀을 때 연경에 상사(喪事)가 있다는 소식이 들리자 조정이 왕손인 복평군 이연을 불러 돌아오도록 하고, 공에게 상경(上卿)의 가함(假銜)을 주어 진향정사(進香正使)로 삼고, 부사를 별도로 차임하여 뒤따라가서 도중에 합류하도록 하였다. (줄임)
>
> 돌아올 때에 으레 선물로 내려 주는 은괴(銀塊)와 비단을 모두 써서 고서(古書) 수천 권을 사 가지고 돌아왔다.

이때 이하진이 사 왔던 서학책들을 성호가 읽어보라고 추천하면 소남이 인천에 빌려 가서 베껴 읽었으며, 나중에 성호학파에 들어온 순암이 다시 소남이 베껴 놓았던 책들을 빌려다가 읽었다. 이 책들을 통해서도 성호학파의 외연이 인천으로, 광주로 넓어진 것

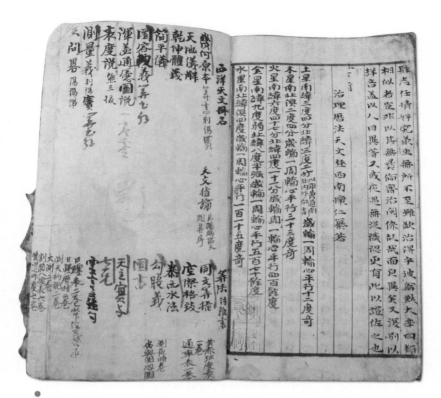

『곤여도설』 마지막 장에 적혀 있는 서학과 천주교 서적 목록

이다.

　현재 종가에서 확인되는 소남 친필본 서학(西學) 서적은 벨기에 선교사 페르비스트가 지은 『곤여도설(坤輿圖說)』 한 권이지만, 당시에는 수십 권의 서적이 소장되어 있었다. 천주교를 긍정적으로 검토한 소남이나 부정적으로 비판한 순암이 모두 세상을 떠난 뒤에 순조가 즉위하면서 천주교 탄압이 시작되자, 남인 학자들의 집에 천주교 서적들이 어디론가 사라졌다. 손자 윤신만 하더라도 소남보다는 천주교에 비판적이었기 때문이다. 국립중앙도서관에 이관

된 순암문고에 천주교 관련 서적이 적은 것도 같은 이유일 것이다.

소남은 『곤여도설』 마지막 장에 자신이 필사하여 소장하고 있던 서학과 천주교 관련 서적 제목들을 일부 적어 놓았는데, 순암이 1749년 정월에 소남에게서 빌려다 읽은 책들을 돌려주면서 함께 보낸 편지에서도 그 목록을 일부 확인할 수 있다.

> 『천문략(天問略)』과 『곤여도설(坤輿圖說)』은 지난번에 돌려드렸는데, 아마도 부침(浮沈)되지는 않았겠지요.
> 『방성도(方星圖)』와 『측량법의(測量法義)』는 지금 돌려드리니, 확인해 보십시오.
> 『태서수법(泰西水法)』과 『만국도지(萬國圖志)』는 (저에게) 잠시 더 남겨 두겠습니다.
> 이외에 『기하원본(幾何原本)』, 『동문산지(同文算指)』, 『공제격치(空際格致)』 등의 책들은 다시 빌려주십시오.

이 편지는 『순암집』에 실려 있지 않고, 자필본 『부부고(覆瓿稿)』에만 실려 있다. 마치 도서대출부(圖書貸出簿)처럼 날짜순으로 기록했는데, 지난번에 반납한 책은 서양의 천문 지리학책들이고, 이번에 반납하는 책들은 천문 역법(曆法) 책들이며, 다시 빌려 갈 책들은 수학책들이다.

책을 돌려주면서 부침(浮沈)이라는 말을 썼는데, 서신이 제대로 전달되지 않는 것을 말한다. 진나라 은선(殷羨)이 예장군(豫章郡)의 태수로 있다가 임기를 마치고 떠날 적에, 사람들이 100여 통의 편지를 모아 경성에 전달해 줄 것을 청하였더니, 석두(石頭)까지 와서 순암이 1749년 정월 소남에게 보낸 편지가 『부부고』에 실려 있다.

모조리 물속에 던져 놓고 말하였다. "가라앉을 놈은 가라앉고 떠오를 놈은 떠올라라. 내가 우편배달부 노릇이나 할 수는 없다.[沈者自沈 浮者自浮 殷洪喬不能作致書郵]"라고 말한 고사에서 나온 표현이다.

순암에게 나가 있는 책만 해도 이렇게 많았으니, 소남의 집은 인천에서 가장 커다란 서양책 도서관이 아니었을까.

2) 성호가 권하여 읽기 시작한 서양책들

소남이 서양책을 읽기 시작한 것은 당연히 성호 문하에 들어온 뒤이다. 성호는 제자가 되겠다고 찾아온 사람에게 자신의 학문적인 관심을 자세하게 설명하고, 제자의 질문을 통하여 궁금한 점을 풀어주었다. 소남은 첫날의 가르침에 대하여 자세하게 기록한 글이 따로 없지만, 순암 안정복이나 하빈 신후담은 제목을 붙여 정리해 놓았다.

이들은 소남처럼 오랫동안 자주 찾아다니면서 배우지 않았기에, 성호를 만나서 주고받은 이야기를 날짜를 밝혀가며 일일이 기록하였다. 이 두 사람의 글을 보면, 성호는 처음 만난 제자에게 반드시 서학이나 천주교를 하나의 학문으로 설명하였다.

신후담은 23세 되던 1724년에 성호를 처음 만나 사제관계를 맺었는데, 두 번째 만난 3월 21일에 마테오 리치에 관하여 설명을 들었다.

갑진년 봄에 이성호를 만나 뵙고 들은 것을 기록하다
〔甲辰春, 見李星湖紀聞, 名澀, 居安山〕

갑진년(1724) 3월 21일에 내가 이성호 장(李星湖丈)을 아현(鵝峴) 우사(寓舍)로 찾아뵈었더니, 이 장(李丈)께서는 마침 어떤 사람과 이서태(利西泰)에 관해 논하고 계셨다.

내가 "서태(西泰)란 과연 어떤 사람입니까?" 하고 여쭈었더니, 성호가 말씀하셨다.

"이 사람의 학문은 다 없어질 수 없는 것이니, 지금 그가 지은 『천주실의』나 『천학정종(天學正宗)』같은 여러 책만 보더라도 비록 그 도(道)가 반드시 우리 유학(儒學)에 합치되는지는 알 수 없지만, 그 도가 이르는 바에 관해 논한다면 성인(聖人)이라고 말할 수 있다."

내가 여쭈었다. "그의 학문을 무슨 까닭으로 종(宗)이라고 하십니까?"(줄임)

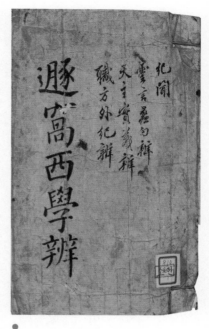

신후담의 저서 『돈와서학변』

이 장께서 말씀하셨다. "이러한 것들은 비록 불씨(佛氏)와 대략 같은 점이 있지만, 불씨는 적멸(寂滅)할 뿐인데 서태(西泰)의 학문은 실제로 쓸만한 것[實用處]이 있다."

내가 여쭈었다. "만약 실제로 쓸만한 것이 있다면 그 말이 어찌 백성을 다스리고 나라를 안정시키는 방법에 미치지 못하고, 그 조상들도 어찌 요순우탕(堯舜禹湯)같이 다스리는 도리에 대하여 말한 것이 없습니까?"*

---

*── 余問曰, "若有實用處, 則其言, 豈有及於治民定國之術者, 而其先, 亦豈有能如治道, 如堯舜禹湯之盛者乎?" 문맥상 불(不) 자가 빠진 듯하다.

紀聞編

甲辰春見李星湖紀聞　名瀷居安山

甲辰三月二十一日余往拜李星湖夫于驚峴寓舍李夫

方與人論利西泰事余問曰西泰果何如人星湖曰此人

之學不可歇著今以其所著文字如天主宗義天學正宗

寺諸書觀之雖未知其道之必合扵吾儒而就其道而論

其所至則亦可謂聖人矣余問曰其學以何為宗李夫曰

其言云頭者受生之本也頭有膿嚢爲記含之主又云

草木有生魂禽獸有覺魂人有靈魂此其論學之大要也

此雖與吾儒心性之說不同而亦安知其必不然也余問

갑진년(1724) 기문. 국립중앙도서관

이 장께서 말씀하셨다. "그가 지은 문자를 살펴보면 치도(治道)를 논한 것도 있고, 성군(聖君) 현주(賢主)를 기록한 것도 있다. 내가 말하는 실용(實用)이라는 것은 『천문략』이나 『기하원본』 등의 여러 책에 논한 것으로 천문(天文) 주수(籌數)의 법이니, 예전 사람들이 알지 못했던 것을 찾아낸 것이어서 세상에 크게 유익하다."

'기문(紀聞)'은 들은 이야기를 실마리를 잡아서 기록한다는 뜻이다. 성호에게 배우겠다고 찾아갔지만 서학에 관해서는 생각이 달랐기에 질문을 계속하였다. 이 질문은 결국 서학변(西學辨)이라는 논문을 쓰기 위한 방법이었다.

신후담은 1725년 가을에도 성호를 뵙고 들은 이야기를 기록하였다.

을사년(1725) 7월 27일에 나는 이성호 장을 안산 댁으로 찾아뵙고 이틀을 머물렀는데, 이 장께서 물으셨다.

"내가 예전에 윤유장에게서 들은 말인데, 자네가 서태(西泰)의 학문을 배척하기에 힘을 다한다더군. 자네는 서태지학(西泰之學 서학)을 어떻게 알고 있는 것인가?"(줄임)

"서양 선비의 책은 아직 깊이 고찰하지 못하였습니다. 『직방외기(職方外紀)』만 읽어보고 황탄하게 생각되어 윤 형(尹兄)에게 운운(云云)한 적이 있습니다."

『직방외기』는 서학에 관심을 가지는 학자들이 가장 먼저 읽게 되는 입문서이니, 신후담도 아마 이 책을 가장 먼저 읽고 소남과 토론했을 것이다. 신후담은 성호학파에 입문한 초기부터 천주교에 부정적인 견해를 가졌는데, 이 시기에 그가 주로 의견을 주고받은 선배는 소남이었다. 소남은 나이 서른에 이미 후배들의 질문에 답변하고 토론할 정도로 많은 천주교 서적을 읽었음이 확인된다.

신후담은 성호의 설명을 듣고 집에 돌아와 『천주실의』를 비롯한 『영언여작(靈言蠡勺)』, 『직방외기(職方外紀)』 등을 읽은 뒤에 본격적으로 「서학변」을 지어 천주교를 비판하였다. 삼비아시(1582~1649)가 지은 『영언여작』의 제목은 작은 표주박으로 바닷물을 헤아리듯 영혼·영성(靈性), 곧 아니마에 대해 말한다는 뜻이다. 23세 청년이 지은 글이기는 하지만, 『천주실의』에 관한 최초의 본격적인 비판이다.

> (이 책의) 첫머리에 이마두(利瑪竇)의 머리말이 있어 그가 지은 책이 불교를 물리친다는 뜻을 말하고, 스스로 그 책이 요순(堯舜)과 주공 공자의 도와 어긋남이 없다고 말하였다. 또 명나라 사람인 이지조(李之藻)·풍응경(馮應京)의 무리가 쓴 서문이 있으니, 그의 말에 따라 추어올리고 탄복하며 그 학문이 우리 유학과 다름이 없고 불교와는 같지 않다고 말하였다. 이는 얼마나 터무니없는 말인가? 천당과 지옥이 있고 영혼이 꺼지지 않는다는 저런 가르침은 분명히 불교의 가르침이고, 일찍이 우리 유학의 책에서는 찾아볼 수가 없다.

신후담은 마테오 리치의 『천주실의』가 불교의 가르침을 받은 것으로 잘못 이해하였으며, 사후에 신의 화복(禍福)을 기대하고 믿는 것은 이기적인 동기이기 때문에 도덕적인 행위가 아니라고 보았다. 만물의 당연한 원리인 이(理)는 복이나 벌과는 관계없이 마땅한 일이기 때문이다. 성호가 긍정적으로 검토해보라고 추천한 책을 신랄하게 비판하고서도 그는 계속 성호의 문하에 나가서 배웠으며, 성호 및 선후배들과 편지를 주고받으며 서학을 비판하였다.

신후담이 「서학변」을 지은 까닭은 후배들이 사설(邪說)에 빠지지 않게 경고하려는 뜻이었다.

뒷날 배우는 사람들이 서학의 본원이 이(利)에서 나왔음을 알고 삶과 죽음의 문제 때문에 자기 마음이 흔들리지 않게 한다면 그 학설에 끌려들지 않을 것이다.

성호도 그 이듬해에 신후담이 서학을 배척한다는 사실을 알고는 그를 만난 자리에서 "인식이 제한되고 학문이 위축될 것"을 우려하였지만, 신후담을 계속 받아들여 가르치고 토론을 전개하였다.

성호의 대표적인 제자 순암도 천주교에 관해서는 부정적인 견해를 지녔다. 그가 성호를 네 차례 찾아가서 배웠던 내용을 『함장록(函丈錄)』에 기록하였는데, 처음 만난 날 서학에 관해 들은 이야기는 뒷날 천주교를 비판한 『천학문답(天學問答)』에 부록으로 기록하였다.

어떤 사람이 물러갔다가 다시 와서 물었다. "지금 이 학(學)을 하는 자들이 흔히 성호 선생도 이 학을 했다고 하는데 그것이 사실입니까?"

내가 대답하였다. "내가 병인년(1746)에 처음으로 선생을 찾아뵈었는데, 선생이 경사(經史)의 여러 설에 대하여 담론한 것은 빠뜨린 바가 없다고 할 만하였다. 끝에 가서 서양학에 대하여 말하였는데, 선생이 말씀하기를, '서양 사람들 중에는 대체로 이인(異人)이 많아서 예로부터 천문(天文)의 관측, 기기(器機)의 제조, 산수(算數) 등의 기술은 중국이 따라갈 수 없었다. 그래서 중국인들이 이런 일들을 모두 호승(胡僧)에게 비중을 두었으니, 주자의 설을 보더라도 이를 알 수 있다. 지금의 시헌역법(時憲曆法)은 백 대가 지나더라도 폐단이 없을 것이라 말할 수 있는데, 세월이 오래 지나면서 역가(曆家)의 역수(曆數)에 차이가 생기는 것은 전적으로 세차법(歲差法)에 대한 요지를 터득하지 못해서 그런 것이다. 나는 항상 서국(西國)의 역법은 요임금 때의 역법에 비할 바가 아니라고 생각해 왔다. 이 때문에 더러 헐뜯는 자들이 나를 보고 서양학을 한다고 말하니, 어찌 가소롭지 않은가.' 하였다. (줄임)

(선생이) 또 말하기를, '『칠극(七克)』은 바로 사물(四勿)의 각주(脚註)와 같은 것이다. 그 말 가운데 대개 폐부를 찌르는 말이 많기는 하지만, 이것은 단지 문인의 재담(才談)이나 아이들의 경어(警語)에 불과한 것이다. 그러나 그 황탄한 말들을 제거하고 경어만을 요약한다면 우리 유자(儒者)의 극기(克己) 공부에 얼마간의 도움이 없지는 않을 것이다. 이단의 글이라 하더라도 그 말이 옳으면 취할 뿐이다. 군자가 사람들과 더불어 선을 행하는 데에 있어서 어찌 피차의 구별을 두겠는가. 요는 그 단서를 알아서

취해야 할 것이다.' 하였다. 그리고 선생이 또『천학실의(天學實義)』의 발문을 지었다. 위에 보인 글을 참고하라. 지금 선생이 나와 더불어 문답한 말이나 이 발문을 가지고 본다면 과연 선생이 천학을 존신(尊信)하였다고 할 수 있겠는가. 이는 무식한 젊은 자들이 천학에 빠져들어가 놓고는 사문(師門)까지 끌어다가 이를 합리화하려는 것이니, 거리낌이 없는 소인들이다. 다행히 내가 지금 살아 있어서 그 시비를 가릴 수 있었기에 망정이지, 나마저 죽었더라면 후생들이 틀림없이 그 말을 믿었을 것이다. 그랬더라면 어찌 사문(斯文)의 큰 수치가 아니었겠는가." (줄임)

이날에 다시 쓴다.

『천학문답』 자체가 묻고 대답하는 형식으로 천주교를 비판한 책이어서, 성호학파 외부에서 성호의 서학에 대한 비판을 소개하고, 순암이 성호의 입장을 대변하는 형식으로 해명하였다. 성호는 천주교를 실용적인 학문으로 하는 것이고, 신앙이 아님을 강조하였으며, 성호학파의 후배 몇 사람(무식한 젊은 자들)이 자신들의 신앙을 합리화시키기 위해 성호까지 끌고 들어가는 것임을 밝혔다.

성호가 "지금의 시헌역법(時憲曆法)은 백 대가 지나도 폐단이 없을 것"이라고 말한 것을 순암이 인용한 목적은 중국과 우리나라가 모두 천주교 신부가 연구한 천문학의 결과를 이용하고 있으니 이것이 바로 실학(實學)이라는 뜻이다.

청나라 세조(世祖)가 1644년에 중국을 통일하고 자금성에서 즉위하자 명나라 말에『숭정역서(崇禎曆書)』137권 편찬에 참여하였던 천주교 신부 탕약망(湯若望 Johann Adam Schall von Bell)에게 이를 정리, 개편하라고 명하여 『신법서양역서(新法西洋曆書)』 103권을 편찬케 하고, 다음해부터 시헌력이라는 이름으로 시행하였다.

이 역법의 전체 체제는 중국의 전통을 따랐으나 ①코페르니쿠스 체계가 아닌 브라헤의 우주체계를 채택하고, ②천체의 운동은 본륜(本輪)과 균륜(均輪)으로 그 지속을 설명하였으며, ③지구의 개념을 도입하여 달의 지반경차(地半徑差)라는 시차(視差)를 썼고, ④계산에서 평면 및 구면(球面) 삼각법(三角法)을 사용하였다.

성호가 "세월이 오래 지나면서 역가(曆家)의 역수(曆數)에 차이가 생기는 것은 전적으로 세차법(歲差法)에 대한 요지를 터득하지 못해서 그런 것"이라고 해명하였는데, 청나라에서 시헌력을 사용하다가 계산에 착오가 생기자, 1742년에 다시 포르투갈 신부 대진현(戴進賢 Saulez) 등에 명하여 『역상고성 후편』 10권을 편찬하게 하였다. 이 책을 다시 조선 실정에 맞게 수정하고 계산하여 해마다 시헌력을 간행하였다. 이 서양 계산법으로 만들어진 책력을 우리 모두 사용하고 있으니, 이것이 바로 성호가 말하는 실학이라고 순암이 해명한 것이다.

성호학파에 늦게 입문하였던 신후담이나 순암이 처음부터 서학에 부정적인 관심을 가진 것과는 달리, 십 대 후반에 입문한 소남은 긍정적으로 받아들였다. 그러나 신후담과의 『직방외기』 토론 이후에는 별다른 진전이 한동안 편지에 보이지 않는다. 1756년 8월 순암에게 보낸 편지에서 『칠극(七克)』이나 천주, 아니마, 천당과 지옥 등을 논한 서학서 등을 모두 수십 년 전에 보았지만, 그 뒤에는 다른 학문에 미칠 겨를이 없어, 알지 못하고 망령되게 논한 것이 없지 않았다고 밝혔다.

3) 소남의 천주교 이해

현재 전하는『소남선생문집』에는 서학이나 천주교를 본격적으로 논한 글이 없는데, 혹시 어떤 책에 대해서 논한 글이 있었더라도 문집을 편집한 손자 신이 천주교에 비판적이었으므로 삭제했을 가능성도 있다.

성호학파 내부에서 서학이나 천주교에 관해 주고받은 편지는 서종태 선생이 「성호학파의 천주교 수용 과정」이라는 논문에서 도표로 정리하였는데, 성호가 제자들(황운대, 이병휴, 순암, 이휘조, 정항령, 홍유한, 소남)에게 보낸 12편, 이병휴가 사우(師友)들에게 보낸 4편, 순암이 사우들에게 보낸 5편, 소남이 순암에게 보낸 7편이 전부이며, 천주교에 대한 비판이 강화되어 가면서 서양 과학기술에 대한 탐구도 계승 발전되지 못하고 위축되다가 중단된 것이라고 여겨진다고 해석하였다.

문집에 실린 편지를 통계적으로 분석한 결과이어서 합리적인 해석이지만, 문집에 실린 편지들은 전체의 일부이어서 이것만 가지고 논하면 전체를 파악하기 어렵다. 성호가 소남에게 보낸 편지만 놓고 보더라도『성호전집』에 실린 것보다 소남 종가에만 전하는 편지가 훨씬 더 많은데, 이는 편지의 성격상 수신자가 소장한데다가, 편집자의 기준에 따라 채택하기 때문이다. 예를 들면 신후담과 소남 사이에 주고받은 편지는 도표에 없는데, 신후담이『직방외기』에 관해 소남과 토론했다고『서학변』에서 밝힌 것도 편지를 통한 토론이었을 가능성이 크다.

신후담이 1725년 7월 27일에 성호를 만나자 성호가 "서양 학문을 배척하느냐?"고 물었는데, 신후담이 "『직방외기(職方外紀)』만 읽어보고 황탄하게 생각되어 윤 형(尹兄)에게 운운(云云)한 적이 있습니다."라고 답하였다. 소남은 이 책을 긍정적으로 인식하였기에, "신후담은 황탄하게 생각한다"고 성호에게 알렸을 것이다.

소남은 성호학파 이외 학자들과 많은 교류가 없었기에, 후배 신후담이 서학을 부정적으로 인식한 이후에는 서학에 관해 언급할 기회가 없었다. 순암이 성호 문하에 입문하여 소남에게 서학책을 빌려 가는 과정에서 이에 관한 기록이 편지에 다시 보인다.

> 천주(天主)는 중국의 『시경』이나 『서경』에서 말한 상제(上帝)와 같습니다. 그러나 이쪽은 신령한 주재자(主宰者)라고 하는데 저쪽은 실제 형체가 있는 모습으로 말하였으니, 이는 몹시 괴이합니다. 그러나 그 천주를 한결같이 생각하여 이로부터 선으로 향하는 것은 우리가 말하는 대월상제(對越上帝)와 말의 뜻이 서로 같습니다.

1756년 8월 순암에게 답하는 편지에 보이는 것처럼, 소남은 천주를 성리학의 차원에서 이해하기 시작하였다. 주자(朱子)의 「경재잠(敬齋箴)」에 "그 의관을 바르게 하고 그 시선을 존엄하게 하며 마음을 고요히 가라앉혀 거처하고 상제를 대하는 듯 경건한 자세를 가져라.[正其衣冠, 尊其瞻視, 潛心以居, 對越上帝.]" 하였으니, 경(敬)을 중시하는 말이다. 소남이 대월상제(對越上帝)라는 가르침을 실천하고 있던데다 천주를 상제라고도 번역하였으므로 자연스럽게 천주를 상제라고 받아들였다.

천당은 여러 성신(聖神)이 노니는 곳이라 하였고, 지옥은 여러 악인이 갇혀 있는 곳이라 하였으며, 환도(還到)의 설을 취하지는 않았습니다.

성신(聖神) 역시 유교의 용어로, 고대의 성인(聖人)들을 가리킨다. 주자의 「중용장구 서(中庸章句序)」에 "상고시대에 거룩하고 신령스러운 분들이 하늘의 뜻을 이어받아 최고의 표준을 세운 때로부터 도통(道統)이 전해져 내려온 것이 원래 유래가 있었다.[蓋自上古聖神繼天立極, 而道統之傳, 有自來矣.]"라고 하였다. 중국의 황제나 조선 태조를 찬양하는 글에 성신이라는 말을 많이 썼다. 천당과 지옥도 선과 악의 개념으로 받아들이면서, 불교가 환생설이나 윤회설로 유혹하는 것과는 다르다고 순암에게 설명하였다.

광대한 천지에서부터 미세한 사물에 이르기까지 모두 천주의 일로 삼아서 반드시 끝까지 연구[窮底]하고야 마니, 무용한 학문이라고 불교와 비교하여 논할 수는 없을 것입니다.

같은 해 12월에 순암에게 보낸 편지에서는 천주교의 실학적인 면을 설명하였다. 궁저(窮底)는 율곡(栗谷)의 글에서도 보이는 용어인데, "격물의 격은 끝까지 한다는 뜻이 많고, 물격의 격은 도달한다는 뜻이 많다.[格物之格, 窮底意多; 物格之格, 至底意多.]"(『율곡전서』 권32 「어록하 우계집」)라고 하였으니 서학은 무용한 불교와 달리 격물치지(格物致知)의 방법으로 세상 모든 것을 연구하는 실학임을 설득한 것이다.

(서학에서 연구한) 천도(天道)의 순회와 일월(日月)의 왕래는 만고를 지나도 어긋나지 않고, 기계와 도구가 뛰어나고 예리하여 공수(工倕)와 비교해도 떨어지지 않아 희화(羲和)와 공공(共工)의 직임을 맡길 수 있습니다. 이 어찌 성인(聖人)의 짝이 아니겠습니까?

같은 편지에서 서학의 실용적인 면을 강조하면서 요순 시절의 신비한 능력의 인물들과 같다고 평하였다. 순암이 서학을 황당하다고 하자 서학의 천문학과 역법의 실용적인 면을 들어 요임금이나 순임금 시절의 장인들보다 못하지 않다고 설득한 것이다. 성호의 가르침을 이어받아, 소남은 말년까지 서학을 긍정적으로 받아들였다.

소남의 천주교 이해는 주로 순암의 질문에 답변하는 형식으로 전개되었으며, 먼저 적극적으로 남에게 설득하는 글은 아직 보이지 않는다. 이는 소남의 성격일 수도 있지만, 문집을 편찬할 때에 손자 신이 취사선택했을 가능성도 있다.

소남이 세상을 떠나고 손자가 문집을 편찬하며 순암에게 행장을 지어달라고 부탁하자, 순암이 소남에게 보냈던 편지를 다 찾아가고 행장을 지어주었다. 임학성 선생이 조사한 「소남 윤동규가 소장 간찰 자료의 현황」에 의하면 소남이 보낸 편지는 성호 49편, 이병휴 113편, 순암 118편, 기타 28편이 종가에 남아 있는데, 소남이 받은 편지는 성호 221편, 이병휴 37편, 순암 3편, 기타 73편이 남아 있다. 당시 눈에 띤 순암 자신의 편지는 다 찾아간 것이다. 물론 순암이 언젠가 자신의 문집을 편집하려고 찾아간 것이겠지만, 주고받은 비율과 『순암선생문집』에 실린 편지를 대비해보면 대부분 없어졌다고 보인다. 따라서 소남과 순암의 서학 내지 천주교 토론이 어디까지 전개되었는지 궁금하다. 소남 종가에 『소남선생문집』에 실리지 않은 편지가 남아 있는지 앞으로 전수 조사해볼 필요가 있다.

순암이 1785년에 지은 소남의 행장 마지막 부분은 천주교 비판으로 끝난다.

> (소남 선생의) 유고(遺稿) 몇 권이 집에 소장되어 있다. 선생이 별세하신 이후 사자(士子)의 학문이 날로 분열되었고 별세하신 지가 지금 또 13년이 지났는데, 대의(大義)가 어긋나고 미언(微言)이 사라지고 있다. 이른바 천주학이란 것은 실로 불씨(佛氏)의 하승(下乘)의 설만도 못한 것인데도 현시대의 재주와 학식이 훌륭하다고 자부하는 사람들이 대부분 그 속에 빠져들어 서양이 중국보다 더 높아지게 하고 이마두(利瑪竇)가 중니(仲尼 공자)보다 더 훌륭해지게 하면서 "진정한 학문이 천주학에 있다."고 한다. 사자의 추향이 올바르지 못하고 사람의 마음이 나쁜 데로 빠져들어 이러한 경지에까지 이르러서 구제하여 바로잡을 수 없게 되었으니, 이에 나는 선생의 덕을 더욱더 사모하는 한편 또한 우리 사문(師門)이 전수한 공자, 맹자, 정자, 주자의 바른 교훈도 저버릴까 염려된다.

집권 노론 학파와 달리 성호학파의 후배들 가운데 천주교 신봉자들이 많아져서 학파의 존립 자체가 위태로워지자, 순암이 천주교를 비판하고 성호의 학문을 옹호하였다. 소남의 행장을 이런 단락으로 마무리한 의도는 천주교에 호의적이었던 소남에게도 비판받을 여지가 있다고 염려했기 때문이다. 순암이 『천학문답』을 지어서 '신학(新學)을 하였다'고 비판받은 성호를 옹호한 것도 같은 맥락이다.

윤신이 행장의 내용에 대하여 질문하자, 순암이 답장을 보냈다.

> (내가 소남) 선생의 행장(行狀) 말단의 한 조항에 "사문(師門)이 사문(斯文)의 책임을 진 것과 (소남) 선생이 이를 이어받아 공부한 바는 오직 중국 성현의 진정한 도리였다."고 하였습니다. 그런데 뜻밖에 신학(新學)이 들어와 성현(聖賢)의 도(道)를 어지럽힌 바람에 어떤 사람은 "우리 선생도 일찍이 신학을 하였다."고 하니, 내가 죽기 전에 어찌 이런 말이 있단 말입니까. 이게 어찌 우리 도(道)를 어지럽히고 돌아가신 스승을 무함하고 후생을 그르치는 하나의 큰 일이 아니겠습니까. 그러므로 은미한 뜻으로 공맹정주(孔孟程朱)의 정훈(正訓) 등등의 말로 결론지어 이 도의 근원이 바르다는 것을 보였는데, 이는 군더더기가 아닙니다. 이 두 구절의 말을 어떻게 만들어야 되겠습니까? 깨우쳐 주시면 다행이겠습니다.

서학이나 천주교의 수용은 성호학파에 새로운 가능성을 열어주었지만, 서인과 대립하는 정치 현실 속에서 이단 논란과 연결되면 성호학파나 남인 전체에 위기를 불러올 수도 있었다. 누가 보아도 군더더기처럼 느껴진 마지막 단락이 바로 순암이 쓰려고 했던 소남 행장의 중요한 부분 가운데 하나였다.

순암이 예견하였던 것처럼, 그가 세상을 떠나던 1791년에 진산에서 윤지충이 모친상에 신주를 불 태우고 제사를 거부하여 조정에서 논란이 일어났다. 그해 12월에 윤지충이 참수당하고 최초의 순교자가 되면서 윤지충의 고종사촌이었던 다산 정약용을 비롯한 성호학파와 남인 젊은 세대에게도 탄압이 시작된 것이다.

성호학파 내에서 윤동규의 위상

학파 내에서의 위상이라면 당연히 학문적인 위상을 기준으로 삼아야 하지만, 학문적인 서열을 따지기 이전에 스승이 인정하는 순서가 있고, 선후배들이 인정하는 순서도 있다. 윤동규가 17세 되던 1711년에 성호 문하에 들어가자, 성호가 "그의 지조가 견실하고 견해가 명석한 것을 사랑하여" "우리의 도가 의탁할 곳이 있게 되었다."고 하였다. 아직 학문의 길에 들어서기 전이지만, 학자적인 자질과 사람됨을 가지고 자신의 후계자로 인정한 것이다.

안정복이 지어준 행장에 의하면 "(소남) 선생이 제일 먼저 그분에게 학문을 배웠"기에 성호로서는 첫제자에 대한 애착심이기도 하지만, 소남이 입문한 뒤에 안정복이 들어오기까지 34년이 걸렸으니, 그 이전에는 학파라고 할만한 제자가 많지 않았다. 소남이 학자로 자라면서 스승의 저술들을 정리하여 성호도 대학자로 커졌고, 이 두 사람에 의해서 학파가 형성되기 시작한 것이다. 스승과는 나이 차이가 14세밖에 안 되었지만 이병휴와는 15세, 안정복과는 17세나 되었으니, 성호가 세상을 떠난 뒤에는 후배들이 자연스럽게 스승처럼 모셨다.

1) 안정복이 존경하던 선배

당대 학자들이 성호의 수제자로 서너 사람을 들었는데, 소남은 언제나 그 가운데 첫손가락에 꼽혔다. 소남 행장에도 그러한 기록이 보이지만, 객관성을 유지하기 위해 다른 제자가 지은 순암 행장을 예로 들어 보인다.

> 성호 선생 이익이 퇴도(退陶) 이자(李子)의 학문을 사숙(私淑)하여 기전(畿甸)에서 강론한다고 하는 말을 듣고 (순암 선생이) 찾아가서 스승으로 섬겼다. 성호 선생은 한 번 보고 단번에 큰 그릇임을 알고 즉시 성문(聖門)에서 친히 들은 간절한 뜻을 가지고 말해 주었다. (줄임)
> 당시에 문학하는 선비들이 모두 성호 선생의 문하에 모여 있었는데, 독실하기로는 소남 윤동규와 같은 사람이 있었고, 정밀하고 상세하기로는 정산(貞山) 이병휴(李秉休)와 같은 사람이 있었다. 공은 이들과 뜻이 같고 도가 맞아, 항상 강론하면서 서로 권면하기를 일삼았다.

순암의 제자인 황덕길(黃德吉)이 「순암선생행장」에서 윤동규, 이병휴, 안정복의 특성을 차례로 소개하며 이들을 성호학파의 3대 제자로 꼽았다. 대개 윤동규를 첫손가락에 꼽았는데, 성호의 첫 번째 제자이자, 나이가 가장 많았기 때문이다. 이병휴는 성호의 조카로, 성호가 세상을 떠난 뒤 문집을 편찬하는 과정에서 자연스럽게 성호학파의 후계자가 되었다.

순암이 1753년에 쓴 「이자수어서(李子粹語序)」에서 자세히 밝힌 것처럼, 성호가 『도동록』의 교증(校證)을 맡기자, 순암은 소남과 세 차례나 원고를 돌려보며 교정하여 『이자수어』를 완성하였다. 책이 완성된 뒤에는 발문을 소남과 나누어 쓸 정도로, 책 편집의 공을 혼자 차지하려 하지 않았다.

> 윤 장 동규 유장(尹丈東奎幼章)은 을해(1695)생으로 일찍이 성 호 선생의 문하에서 수업하였고, 지조가 굳고 학식도 고명해서 지금 세상에 그만한 이가 드뭅니다. 근래에 강의하고 토론한 글 을 남겼는데 내용이 평이하면서도 절실하여 근거 없이 짜 맞추 거나 갑작스레 변통한 말들이 아닙니다.
>
> 마음속에 실제로 체득한 경지가 있어야 이와 같을 수 있으니, 참으로 흠탄할 일입니다.

순암이 1749년 남유로(南維老)에게 보낸 편지에서 학식이 고명 하면서도 평이하게 글을 써서, 짜맞추거나 변통하는 학자들과는 다르다고 칭찬하였다. 순암은 이해에 소남에게서 서양책들을 빌려 다 보면서도 서학에 관해서는 비판적인 견해를 지녔는데, 소남이 서학을 각박하게 비판하지 않고 하나의 학문으로 받아들이는 자체 에 대해서는 마음속에 실제로 체득한 경지가 있어서 그러하다고 여기고, 남에게도 추천한 것이다.

소남이 순암의 『동사강목』이나 『천학문답』같이 완성된 저술을 이루어 널리 읽혀지지 못하고, 성호나 순암처럼 벼슬 한번 하지 않았음에도 성호학파의 좌장으로 인정받게 된 것은 항상 선배의 인품을 존경하여 받들었던 순암 같은 후배가 있었기에 가능하였다.

2) 다산 정약용이 존경하던 선배

조선 후기의 대표적인 실학자 다산(茶山) 정약용(丁若鏞, 1762~1836)의 학문은 다산학파로 독립되었지만, 다산 스스로 '성호를 사숙했다'고 표현할 정도로 성호학파에서 학자로 대성하였다.

정약용은 34세 되던 1795년 10월 26일에 온양(溫陽) 서암(西巖)의 봉곡사(鳳谷寺)에 이삼환(李森煥)·이광교(李廣敎)·박효긍(朴孝兢)·강이인(姜履寅)·이유석(李儒錫)·심노(沈潞)·오국진(吳國鎭)·강이중(姜履中)·권기(權夔)·강이오(姜履五)·이명환(李鳴煥) 등의 선후배들과 모여 성호의 유서(遺書)를 교정하였는데, 먼저 『가례질서(家禮疾書)』를 가지고 그 범례를 정하였다. 그 내용이 바로 「서암강학기(西巖講學記)」인데, 이 가운데 한 구절을 예로 들어보자.

이로 인하여 또 의논할 만한 일이 한 가지 있다. 적손이 아비가 죽고 증조부가 생존해 있는데 조부상을 당하면 조부를 위해서 어떤 복을 입어야 할 것인가? 증조부가 생존해 있으면 그 중함이 증조부에게 있으니, 조부에게 무슨 전중(傳重)의 중함이 있어서 적손이 조부에게 승중복(承重服)을 입을 수 있겠는가. 마땅히 예(例)와 같이 부장기복(不杖朞服)을 입어야 할 듯하다.

몇 해 전에 나는 이 의논을 하였는데, 소남과 순암 두 어른이모두 그렇지 않다고 해서 지금까지 의심을 품고 결정하지 못하고 있다. (소남은 윤동규이고, 순암은 안정복이다.)

성호를 사숙하던 다산 정약용이 성호의 예법에 관해 의문이 나면 소남과 안정복의 의견을 참조하면서, 표현 그대로 '어른(丈)'으로 받들었다. 성호가 질서(疾書)를 저술할 때에 이들이 도와주었기에 그들의 의견을 참조한 것이다. 자신의 견해와 다르다고 해서 부정한 것이 아니라, 그들의 의견을 존중해 다시 한번 더 생각해보며 자신의 판단을 유보하였다. 소남이 세상을 떠난 다음 세대까지도 후배들로부터 존경받고 있었음을 알 수 있다.

3) 20세기 초의 학자들까지 존경하던 선배

대한제국의 의병장 수당(修堂) 이남규(李南珪, 1855~1907)는 성호학파의 마지막 세대인데, 『수당집』 제4권 「입재(立齋)가 이시응(李時應)에게 답한 편지를 읽고」에 성호와 소남의 문답이 인용되어 있다.

부모된 자는 기복(朞服) 이상의 상(喪)을 입지 않은 상태라야만 비로소 아들을 관례(冠禮)시키거나 며느리를 맞아들일 수 있다. 이러한 예(禮)의 취지는 매우 엄격한 것인데, 근세 사람들은 차츰 시속에 휩쓸리고 말았다. 윤소남이 일찍이 이 문제에 대해 성호에게 물었는데, 성호는 세속에 따라서 행할 것을 허락하였다. 그래서 내가 거상(居喪) 중에 부득이 이것을 원용하여 아이의 초례(醮禮)를 치렀다.

수당 이남규는 허전의 제자이니, 안정복-황덕길-허전으로 이어지는 성호학파의 마지막 세대이다. 이 기록을 보면 20세기에 들어와서도 소남이 성호와 가례에 관해 주고받은 편지가 성호학파 제자들에게 영향을 끼쳤음을 알 수 있다. 허전은 19세기 후반 소남 종가의 묘비(墓碑) 문자를 많이 지어주며 학연을 계승하였다.

영남지역의 학자들도 역시 소남을 존경했는데, 퇴계의 후손으로 을미사변의 의병장이었던 향산(響山) 이만도(李晩燾, 1842~1910)도 성호의 제자인 신후담의 행장을 지으면서 소남을 성호의 대표적인 제자로 손꼽았다.

> (신후담이) 성호 선생을 뵙고부터는 선생에게서 들은 모든 것을 해마다 편집하고 기록하였다. 독실하게 믿으면서 배우기를 좋아하여 처음부터 끝까지 변치 않아, 윤 공 동규(尹公東奎), 안 공 정복(安公鼎福)과 더불어 성문 삼걸(星門三傑)로 나란히 불리었다. ―「성균 진사 하빈 신공의 행장[成均進士河濱愼公行狀]」, 『향산집(響山集)』 권16

퇴계학파 이만도는 소남 백 년 뒤에 성호 선생의 3대 제자를 꼽으면서 이병휴 대신에 신후담을 꼽았다. 소남과 순암은 바꿀 수 없다고 생각했던 것이다.

『성호사설』은 분량이 방대하여 20세기 초까지 간행되지 못하고 필사본으로만 일부 유통되었는데, 위당(爲堂) 정인보(鄭寅普, 1893~1950)가 몇 이본들과 교감(校勘)하여 1929년 문광서림에서 활자본으로 간행하였다. 실제로는 『성호사설유선』을 저본으로 삼아 간행한 것인데, 정인보가 이 서문에서

資其流已足以圮族由學術之假謬而無實而影響曁賫府是非不本於天良

而馳驟衆人之所奔趨傀儡自憲幾何其不覆敗也人之生也軀殼而抗敎

之性賦焉人蹂我嘗辱我怒勃然或霸之以報且全吾宗則尸而祝之怵然豈

非恒民之大情哉乙支文德敗隋廣功至鉅孫子猶歡美焉近古儒者或著記

詆其抗中國之師背仲尼尊華之義爲可誅賴廣身凶逆不然與繻葛何異夫

祖域鄒夷族類襲謬而讀書之士懷焉此非一時之發也蓁棄

之壞如此而求其不喪邦得邪士之生於其時者震於喬宇之說以天良

之獨而吾之獨雖陋而去是則吾無所與存也與有立也民德

自奮迅從事於依實求獨之學而齊民之情不斃極知反稍稍有後起之英

信有以易之鄭霞谷主良知旁治算數而崔明谷李疎齋皆嫺精曆象李玉洞

思小學皆取是肯府不敢苟隨學風浸變而猶未能恢張國華大啓民昧也至

治而李湖先生根柢歷史之學首表章成已圖復之烈族類之義明型範一揭而

衆紛而正自是朝鮮如世宗御宇李純之金淡候漢城氣以正

歷時而國朝始有歷焉先生旣沒而俊又承其軌安順菴著東史綱目通紀

李星湖先生尹邵南四水辨徵實是皆原於先生之敎而先生政治

列朝事最嚴義法而經濟之學又閎恢周洽治禮辨樂明屠象地水以及四國之聞篤念國故言謠

위당이 소남을 실학자로 소개한 『성호사설』 서문

이성호 선생에 이르러 역사학에 뿌리를 두었다. (줄임) 선생이 돌아가신 뒤에 뛰어난 분들이 그 궤범을 이어받았다. 안순암은 『동사강목』을 지어 열조의 일을 꿰어 기록하였는데 의법(義法)에 가장 엄정하였고, 윤소남은 「사수변」을 지어 실제를 징험하고 진리를 구하였는데, 모두 선생의 가르침에 근원을 둔 것이다.

至李星湖先生, 根柢歷史之學. … 先生旣沒, 而俊乂承其軌. 安順菴著東史綱目, 通紀列朝事, 最嚴義法. 而尹邵南四水辨, 徵實求是, 皆原於先生之敎.

라고 소개하여, 순암과 소남의 학문이 『성호사설』의 궤범을 이어받았다고 평가하였다. 정인보는 아마 소남의 문집을 제대로 볼 수가 없었을 텐데, 성호나 순암의 문집에서 소남이 「사수변(四水辨)」을 완성하기 위하여 이들과 주고받은 편지만 읽어보고도 "실제를 징험하고 진리를 구하는[徵實求是]" 학자적인 태도를 인정한 것이다. 소남의 "징실구시(徵實求是)"야말로 조선 후기 실학자들이 학문하는 목적인 실사구시(實事求是)와 같은 뜻이다.

3장

인천에서 가장 컸던

도남촌 도서관

소남은 가난한 선비였지만, 책에는 돈을 아끼지 않았다. 지금도 적지 않은 도서와 문서가 종손에게 남아 있지만, 소남 당대에는 소문이 나서 여러 사람이 빌려다 보거나 베껴 갔다. 학자가 많지 않았던 인천에 도서관이 생긴 것이다.

소남이 부자는 아니었기에, 그가 소장하던 책들이 모두 돈을 주고 사들인 것은 아니다. 그가 소장하고 있던 책 가운데 서학(西學)이나 천주학(天主學) 관련 책들은 중국에서 수입해온 책 자체가 많지 않아서 그도 남에게서 빌려다가 베껴서 소장하였다.

소남이 가장 많이 빌려다 본 도서관은 물론 안산에 있는 성호의 도서관이다. 성호가 책이 많은 서울도 아닌 안산 첨성리에 칩거하며 학문에만 전념할 수 있었던 것은 아버지 이하진이 1678년에 진위 겸 진향사(陳慰兼進香使)로 연경(燕京)에 들어갔다가 귀국할 때에 청나라 황제가 하사한 은으로 사 가지고 온 수천 권의 서적 덕분이었다.

『성호사설』에 한 가지 예가 보인다.

왕우군(王右軍)의 진적은 탑본(搨本)이 우리나라에 전하는 것이 많다. 우리 선친이 본시 필예(筆藝)에 능하였으므로, 연경(燕京)에 사신 가셨을 적에 큰 돈을 들여서 선본(善本)을 많이 구입해 왔던 것이다.

그 뒤에 대부(大夫) 윤순(尹淳) 같은 이도 연경에 들어가서 두루 구해 보았으나, 이와 대등할 만한 것이 없었던 까닭에, 매양 기보(奇寶)라 일컬을 때는 반드시 이씨 집안 소장[李家藏]이라고 하였다.
　　　　　　　　　　　　　　－『성호사설』 권28 「우군진적(右軍眞蹟)」

소남 자신이 이렇게 빌려다 베낀 책들을 가장 열심히 읽고 관련된 글을 지었지만, 후손들도 대대로 열심히 읽었으며, 책은 조금씩 더 늘어갔다. 그의 아버지 윤취망(尹就望)이 지은 시권(試券)도 있는 것을 보면, 어떤 책들은 소남이 물려받았을 가능성도 있다. 가장 열심히 읽은 후손은 소남 다음으로 많은 글을 남긴 손자 윤신(尹愼)과 증손자 윤극배(尹克培)이다.

소남의 손자 신(愼)은 시인으로 이름나, 몇 차례 좋은 성적을 내고 내사본을 받았다. 증손자 극배는 1801년 진사에 합격하고 1823년 문과에 급제하여 예조정랑(정5품) 벼슬을 하였다. 그때마다 호패의 재질(材質)이 달라졌으므로, 극배는 책뿐만 아니라 호패와 교지도 여러 개가 되었다.

윤신이 환갑이 되어 시를 짓자, 친척 동생인 무명자 윤기(尹愭)가 차운시를 지어 윤신에게 보내왔다.

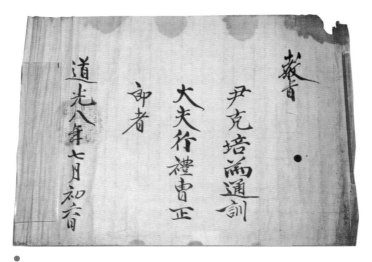

윤극배 예조정랑(정5품) 교지

족형 윤신의 회갑 수석연의 시에 화운하여

태평 시절에 해로한 것도 큰 영광인데

아들 있으니 오지(五之)가 어찌 부러우랴.

높은 벼슬은 본래 외물이니 가볍게 여겼고

얼굴 혈색이 좋으시니 장수 누리실 수 있겠네.

고요히 앉아 천 권의 책 읽으며 선대의 가업 계승하였고

작은 조각배로 거친 물결 건너시어 나의 근심을 위로하셨네.

화갑 날이 기쁘게도 우리 화수회 되었으니

앵무배와 노자표를 사양치 마시오.

和族兄 愼 回甲壽席韻

鴻光偕老太平時。有子何曾羨五之。

外物由來輕組冕、韶顔自可享頤期。

千編靜坐繩先武、一葦橫流慰我思。

花甲喜成花樹會、莫辭鸚鵡與鸕鷀。

　윤기는 네 가지 이유를 들어서 윤신의 환갑을 축하하였다. 첫째는 아내와 함께 살며 아들이 뛰어나다고 하였다. 왕희지(王羲之)에게 현지(玄之), 응지(凝之), 휘지(徽之), 조지(操之), 헌지(獻之)의 다섯 아들이 있었는데, 그들 모두 왕희지의 필법을 이어 서예(書藝)에 뛰어났다. 소동파의 시에 "왕희지에게 오지(五之)의 아들 있었네.[羲之有五之]"라고 하였는데, 족형 윤신에게 가업을 이을 훌륭한 아들이 있으니 왕희지의 다섯 아들도 부러울 것 없다고 축하한 것이다.

　둘째는 환갑에도 혈색이 좋으니 장수할 것이라고 축하하였다.

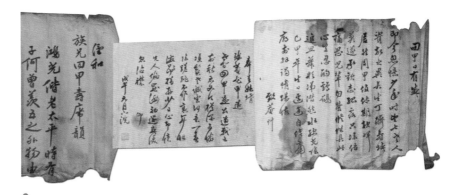

윤신이 회갑 때 받은 축하시 가운데 왼쪽이 무명자 윤기가 지은 시이다.

셋째는 "고요히 앉아 천 권의 책 읽으며 선대의 가업 계승하였다"고 축하하였는데, 이 구절에는 윤기 자신이 주(注)를 달았다. "족대부 소남공(邵南公)이 평소 독서를 하며 안빈낙도하였다.[族大父邵南公平生讀書樂道]"고 하였으니, 윤신이 읽는 천 권의 책이 소남에게서 내려온 책이며, 그의 학문도 역시 소남에게서 내려오는 가학(家學)이고, 벼슬길에 나아가지 않은 그의 처신도 안빈낙도하던 소남에게서 이어진 것임을 밝힌 것이다.

넷째는 축하를 겸한 당부인데, "작은 조각배로 거친 물결 건너시어 나의 근심을 위로하셨네."라는 구절에도 윤기 자신이 주(注)를 달았다. "근래에 서양학의 사설(邪說)이 혹세무민하자 족형이 사설을 물리치는 것으로 자임하였다. 이 때문에 5구와 6구에서 언급하였다.[近來有西洋學邪說惑世誣民, 族兄能以闢闢自任, 故五六云.]"

앵무배(鸚鵡杯)와 노자표(鸕鶿杓)는 윤기가 족형 윤신에게 올리는 축수(祝壽)의 술잔이다. 당나라 시인 이백(李白)의 「양양가(襄陽歌)」에 "노자표여 앵무배여, 백 년 삼만육천 일에, 하루에 삼백 배

씩 기울여야지.[鸕鷀杓鸚鵡杯. 百年三萬六千日, 一日須傾三百杯.]"라고
한 뜻을 가져온 것이다.

서울에 살던 윤기가 윤신의 천 권 서재를 알게 된 것은 어린 시
절 성호 문하에 드나들 때부터 소남의 서재가 이름났기 때문인데,
"근래에 서양학(西洋學)의 사설(邪說)이 혹세무민하자 족형이 사설
을 물리치는 것으로 자임하였다."는 구절에서 이 도서관에 소장되
었던 책 가운데 일부는 다른 성리학자들이 보지 않던 서학(西學)
관련 책들임을 짐작할 수 있다.

소남이 얼마나 많은 책을 가지고 있었는지 짐작할 수는 없다.
본인이 정리해 놓은 장서목록이 발견되지 않았기 때문이다. 소남
은 성호가 책을 추천할 때마다 반드시 빌려다가 필사하면서 읽었
으니, 그런 책만 해도 수십 권이나 된다. 소남이 필사한 서학 관련
의 책은 순암이 다시 빌려다가 필사하여 소장하거나, 읽고는 돌려
주었다. 그렇다고 해서 소남이 순암보다 더 많은 책을 소장했었다
는 뜻은 아니다. 두 사람이 주고받은 책을 편지에서 살펴본다면,
순암이 주로 빌려간 책들은 서학 관련 책들이다.

순암의 집이 사대부 가문이었기에, 전해오는 책들이 이미 많이
있었다. 순암이 74세 되던 1785년의 장서목록을 정리하면서 「가장
서책구질(家藏書冊舊帙)」과 「자비서책질(自備書冊帙)」로 구분하였는
데, 김현영 선생이 조사한 목록에 의하면 예부터 집에 전해오던 책
이 82종, 자신이 마련한 책이 164건이다. 순암의 편지를 보면, 이
가운데 『천주실의』, 『일전표(日纏表)』, 『천문초(天文抄)』, 『영언여작
(靈言蠡酌)』, 『직방외기(職方外紀)』, 『태서수법(泰西水法)』, 『등(謄) 초
칠극급역상서(抄七克及曆象書)』, 『등(謄) 우서양서(又西洋書)』 등의

책들은 소남에게서 빌려 베꼈을 가능성이 있다.

삼백 년 역사를 보여주는
수십 권의 책력

예전에는 나라에서 일 년 치의 날짜와 연호(年號), 간지(干支)를 한눈에 알 수 있도록 책력(册曆)을 만들어서 관원들에게 나눠 주었다. 통행금지를 알리기 위해 한양 보신각종을 치는 것도 창덕궁이나 경복궁에 있던 자격루(물시계)의 시간을 전달받아 자정(子正)을 정확하게 지켜서 33번 쳤고, 이 종소리가 들리면 모든 사람들이 걸음을 멈춰야 했으므로 인정(人定)이라고 했다. 후일에는 '인경'이라고 발음이 바뀌었다. 책력은 왕만이 만들 수 있어서, 관상감에서 천체의 움직임을 조사하고 중국 시간과의 차이를 반영하여 제작한 책력 말고는 개인이 마음대로 제작할 수 없었다.

소남 종가에서 소장하고 있는 책력은 대부분 태음력에 태양력의 원리를 적용하여 24절기의 시각과 하루의 시각을 정밀하게 계산하여 만든 시헌서(時憲書)이다. 서양 신부 탕약망(湯若望) 등이 천체의 움직임을 계산하고 편찬하여 청나라와 우리나라 등에서 사용되었던 역법인데, 1645년부터 청나라에서 시행하여 두 번의 개편을 거쳤으며, 우리나라에서도 1653년부터 조선 말까지 이를 우리나라 실정에 맞게 수정 계산하여 사용하였다.

소남 종가에 소장된 책력은 명칭부터가 조선 후기의 시헌서에서 대한제국의 명시력(明時曆), 조선총독부의 조선민력(朝鮮民曆)

등으로 바뀌어, 국가에서 민간의 시간을 통제한다는 사실을 역사적으로 보여주고 있다.

서기 몇 년에 해당되는 책력인지를 확인하려면 연호(年號)와 간지(干支)를 확인해야 하는데, 청나라 연호인 가경(嘉慶), 도광(道光), 광서(光緖), 선통(宣統)에서 대한제국 시대의 광무(光武), 일제강점기의 다이쇼(大正)와 쇼와(昭和)까지 다양한 연호가 확인된다. 대청(大淸)이라는 국호를 붙인 까닭은 청나라 표준시를 기준으로 하여 우리나라의 실정에 맞게 다시 계산하여 책력을 제작하였기 때문이다.

고종은 대한제국 황제로 즉위하면서 더 이상 청나라 연호를 쓰지 않고 광무(光武)라는 연호를 제정하여 황제의 나라라는 것을 대내외적으로 선언하였는데, 청나라의 시헌서라는 명칭도 명시력이라고 바꿨다. 『광무 11년 정미년 명시력』은 1907년 책력이다.

책력 표지에는 제목이 인쇄되어 있지 않은 경우도 있어서, 윤동규 종가에서는 입사절후(卄四節候), 강호일월(江湖日月) 등의 부제를 직접 써서 사용하였다.

책력은 단순히 날짜만 확인하는 것이 아니라, 24절기를 비롯하여 나라의 제삿날이라든가 금기일(禁忌日) 등의 다양한 정보를 제공하였다. 날짜 아래에는 빈칸이 길게 있었으므로 비망록처럼 간단한 일기를 쓰기도 하였다. 실제로 책력에 썼던 비망기(備忘記)를 편집하여 일기를 만드는 경우도 많다.

조선 전기에는 관상감에서 책력을 적게 찍어 왕족과 상급 관원들에게만 나눠 주었으며, 후기에는 비교적 많이 찍었지만 종잇값을 지급하고 받는 형식이어서 일반인들이 쉽게 구하지는 못하였

임자년 책력에 강호일월(江湖日月)이
라고 표제를 썼다.

가경(嘉慶), 선통(宣統) 등의 연호를
쓴 책력에는 대청(大淸)이라는 국호
를 붙였다.

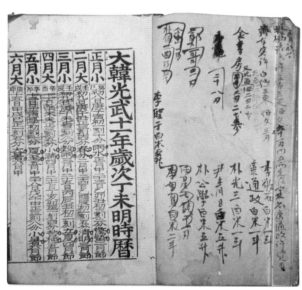

대한제국 책력에는
'광무 11년 명시력'이라는
제목을 붙였다.

다. 소남 종가의 책력을 다 조사하면, 6개의 호패로 300년 역사를 보여주는 것보다 더 구체적인 문중과 인천의 역사를 재구성할 수도 있다.

성호의 저술과 관련된 책들

조선 후기 학자의 서재에 있던 책들은 기본적으로 사서삼경(四書三經)을 비롯한 유교의 경전이 기본을 이루지만, 개인적인 성향에 따라 다른 선비와 변별되는 책들이 더러 있게 마련이다. 윤동규의 서재에서 가장 특색 있는 책들은 당연히 성호학파의 특성을 보여주는 책들이다. 소남은 성호의 단순한 제자가 아니라 그의 저술을 정리하고 집대성한 학자였으므로, 당연히 그가 남긴 이 분야의 책들이 더욱 중요하다.

성호는 선비들의 예식(禮式)이 문란해지는 것을 걱정하여, 고금의 예를 절충하고 사서인(士庶人)의 예를 참작하여 자신이 관혼상제(冠婚喪祭)를 치를 때마다 새로운 예식을 정리하였다. 조카 병휴가 그 예설(禮說)들을 수집하였는데, 문중에서 행해지고 있는 여러 의절이 오래되면 없어질 것을 우려하여 1766년에 이들을 합편(合編)하여 『성호예식(星湖禮式)』이라고 이름 붙였다. 그 가운데 앞뒤가 틀린 것이나 뜻이 의심스러워 결정하기 어려운 것에는 설(說)을 붙여 분석하였다.

안정복이 1769년에 이 책에 「성호예식서(星湖禮式序)」를 써서 그 내용을 설명하였다.

(성호 선생이) 손자의 관례(冠禮)를 행하면서『관의(冠儀)』를 만들고, 며느리를 맞아들이면서『부의(婦儀)』를 만들고, 딸을 시집 보내면서『가녀의(嫁女儀)』를 만들고, 부인과 자식의 상(喪)을 당하여『상위이록(喪威二錄)』을 만들었다. 그리고 또『제식(祭式)』을 만들었는데 비록 세상에 행해지지는 못했지만 일에 따라 법식을 세워 한 집안의 법칙이 되게 하려는 것이었다. (줄임)

(선생의 조카 병휴가) 나에게 서문을 지어달라고 부탁하니, 내가 실로 천박하고 고루하여 아는 것이 없지만 의리로 보아 감히 사양할 수가 없어서 마침내 절하고 받아서 읽어보았다. 그 법식이 일체『가례(家禮)』의 성법(成法)에 따랐으나 간혹 다른 곳이 있었는데, 이것은 굳이 다르게 하려는 것이 아니라 원래 질(質)과 문(文)을 따르고 고칠 즈음에 억지로 서로 맞출 수가 없는 점이 있기 때문이다. 옛날의 번거로운 형식을 재단해서 간략하게 만들고, 지금의 소략한 절차를 참작해서 늘리기도 하여 위로는 국가의 제도에 어긋나지 않고 아래로는 인정에 합하도록 노력하였으니, 참으로 지금 세상 예가(禮家)의 준척(準尺)이라고 하겠다.

그런데 이병휴가『성호예식(星湖禮式)』을 편집하고 가장 먼저 보여준 학자는 선배이자 스승인 소남이다. 소남의 종가에 소장된『성호선생예식(星湖先生禮式)』에는 그가 1767년에 지은 서문이 앞에 실려 있다.

국립중앙도서관에서 편찬한「한국고전적종합목록시스템」에서『성호선생예식』을 검색하면 국립중앙도서관과 한국학중앙연구원

『성호선생예식』

도서관 소장본만 확인되는데, 국립중앙도서관 소장본에는 1766년 이병휴가 지은 발문 외에 1790년에 이가환(李家煥)과 이삼환(李森煥)이 지은 발문까지 실려 있어 후대본임을 알 수 있다. 소남 종가에 소장된『성호선생예식』이 초기본이어서 중요하다.

『논어질서(論語疾書)』,『맹자질서(孟子疾書)』,『가례질서(家禮疾書)』도 모두 성호의 저작인데, '질서(疾書)'라는 명칭에 대하여 성호 자신이 설명한 글이 있다.

'질서(疾書)'란 원래 송나라의 학자 장재(張載)가 사용했던 말로, 그가 공부하는 중에 마음에 떠오르는 것이 있으면 밤중이라도 일어나서 빨리 기록했다[疾書]는 뜻에서 온 것이다. 성호학파가 아니었던 번암 채제공이 성호의 묘갈명을 지으면서 이 질서라는 서술방식에 흥미를 느껴 이렇게 설명하였다.

(성호가) 삼경(三經)과 사서(四書) 및 『소학』, 『근사록』, 『심경』
에 있어서는 글자마다 그 훈고를 탐구하고 구절마다 그 뜻을 탐
색해서 모두 질서(疾書)를 지었으니, 장횡거(張橫渠 장재)의 '터
득한 바가 있으면 얼른 기록하였다.[妙契疾書]'라는 뜻을 취한
것이다. 그 순서는 『맹자』부터 시작하였는데, 말씀하기를, "시간
적으로는 후대가 되고, 내용상으로는 의미가 상세하다. 후대이
면 가깝고 상세하면 드러난다. 그러므로 성인의 뜻을 구하고자
한다면 반드시 『맹자』부터 시작해야 한다." 하였다.

성호가 자신의 저술에 붙인 '질서(疾書)'라는 명칭을 가장 빨리
받아들인 제자가 바로 윤동규였다. 『심경질서(心經疾書)』 첫 장에
는 '윤소남교(尹邵南校)'라고 쓰여 있어, 그가 단순한 추종자가 아
니라 교정까지 보아서 스승의 저술을 완성시킨 조역자였음을 알
수 있다.

성호의 대표적인 경전연구서인 『질서(疾書)』의 원고본이 국립중
앙도서관에 소장되어 있고, 국내외 도서관에도 몇 군데에 다양한
『질서』 필사본이 소장되어 있는데, 소남 종가에 소장된 『논어질서
(論語疾書)』 표지 뒷장에는 원고본에서도 볼 수 없는 내용이 덧붙
어 있다.

이 부기(附記)를 보면, 스승이 지은 『논어질서』를 소남이 빌려다
베끼면서 의심나는 부분들을 세 가지 부호로 표시해놓았음을 알
수 있다. 묵점(墨點)을 찍은 항목은 성호의 견해에 대하여 의심이
없는 곳이고, 원점(圓點)을 찍은 항목은 다시 살펴봐야 할 곳이며,
아무런 표시도 없는 항목은 별다른 문제가 없는 곳이다. 『심경질

心經疾書序

心經附註何以讀因時之貴之也時何以貴之為其眾溢建
言語也然彼程氏者以其人則當題而贖利也以其學字則外朱而
內陸也以其書則去就無章也雖不讀可也昔者退溪首喜此
書與四子近思錄比當時門人無不講誦流于今成俗上之進奏
於九重下之家戶傳習句箋解細大莫遺殆聖經不如也夫如是
矣以不讀西山本經只收經傳及宋賢所自作篇文至其書贖語
錄之類不及也惟取簡要間目不繁程氏乃別立科條傳株類彙是
附經非附註也人心人欲朱子前後之異說而無用黑白本敬本靜
朱張互爭之辨而不憚并收是務廣非專精也其他自註都無

尹邵南載

『심경질서』 첫 장에 '윤소남교'라고 쓰여 있다.

서』처럼 교정본을 내려고 한 것인지, 아니면 성호학파의 학풍에 따
라 스승의 견해에 대해 의문을 느끼고 토론하여 선생의 저술을 수
정케 하려고 표시해놓은 것인지, 현재로서는 알 수 없다. 소남 소

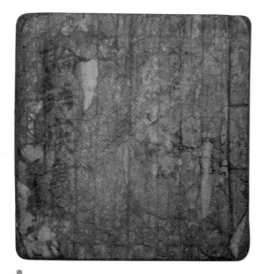

소남 종가에 전해지는 『논어질서』

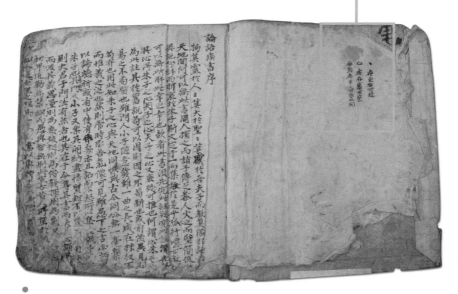

『논어질서』 표지 뒷장에 윤동규가 적어 놓은 의문점 분류부호

장본을 다른 이본들과 정밀하게 대조하여 비교해보면, 소남 필사본『논어질서』의 가치뿐만 아니라 그의 진지한 학문태도를 다시 한번 확인할 수 있을 것이다.

다산이 34세 되던 1795년에 천주교 신부 주문모입국사건으로 금정도(金井道) 찰방(察訪 종6품)으로 좌천되자, 성호의 종손인 목재(木齋) 이삼환(李森煥)에게 청하여 온양의 석암사(石巖寺)에서 만났는데, 당시 내포(內浦)의 이름 있는 집 자제들이 소문을 듣고 모여들어 날마다 강학하고 토론하였으며, 별도로 문답을 만들어 「서암강학기(西巖講學記)」를 지었다. 이때『성호유고』를 가져다 처음『가례질서(家禮疾書)』부터 교정할 정도로 성호의 질서(疾書)들은 성호학파에서 중요한 위상을 지녔다.

소남의 도서관에서 또 하나 중요한 책은『이선생예설유편(李先生禮說類篇)』인데, 퇴계(退溪)의 예설(禮說) 가운데 중요한 부분을 성호가 종류별로 편집한 책이다. 성호가 편집을 마치고 「이선생예설유편 서문[李先生禮說類編序]」을 지었는데, 편찬 목적을 이렇게 설명하였다.

내가 예를 배우기 시작하면서부터 이 책(퇴계집)을 존신(尊信)하여 공경히 읽었지만, 분량이 방대하여 사람들이 제대로 이해하지 못하고 참고하는 자료로 삼지 못하는 것을 항상 불만스럽게 생각하였다. 그러던 차에 선생의 문인(門人) 조기백(趙起伯)이 편집한『상제문답(喪祭問答)』상하권(上下卷)을 보게 되었는데, 비록 전체 편지에 비해 조금 요약되기는 하였으나, 여전히 여러 편지들이 흩어져 있어 조리(條理)가 문란해지기 쉬웠다. 또

윤동규 종가 이외에는 실물이 검색되지 않는 『이선생예설유편』

한 초록(抄錄)한 것이 상례(喪禮)와 제례(祭禮)의 두 가지 예에 그쳤으므로, 스승의 작은 것 하나라도 존모하고 본받는다는 의미로 보자면 크게 부족하였고, 완전히 갖추어진 책이라고 할 수도 없었다.

이에 단락을 가르고 종류별로 나누어 각기 제목을 달았으며, 집안에서의 일상생활에서 국가와 향촌에 이르기까지 예에 대해 언급한 것이라면 모두 다 모았다. 여러 번 초고(草稿)를 바꾼 뒤에야 비로소 전질(全帙)을 완성하여 『이선생예설유편』이라고 명명하였다. 독자가 책을 펼치면 일목요연하게 알 수 있도록 하였으니, 이 책이 예를 상고하는 지침이 될 수 있을 것이다.

이 책은 성호가 퇴계에게서 받아들인 예설의 개요를 알 수 있을 뿐만 아니라 성호의 학문방법을 가장 잘 보여주는 책임에도 불구하고 도서관에서 찾아볼 수가 없다. 한국고전번역원에서 『성호전집』을 번역하면서, 이 서문에서 책 제목에 대하여 이렇게 각주를 달았다.

성호가 퇴계(退溪) 이황(李滉)의 문집인 『퇴계집(退溪集)』에 수록되어 있는 편지 가운데 예를 논한 것을 뽑아 종류별로 분류하여 편찬한 책이다. 현재 전하지 않는 것으로 보인다. 국립중앙도서관에 소장된 『성호예설유편(星湖禮說類編)』(古朝29-99)과는 다른 책이지만, 그 책을 통해 『이선생예설유편』의 편찬 체재를 유추해 볼 수 있을 것이다.

　『이선생예설유편』은 현재 찾아볼 수 없으며, 국립중앙도서관에 소장된 『성호예설유편(星湖禮說類編)』은 성호의 예설이라서 전혀 다른 책이지만 같은 사람이 편찬한 것이니 편찬 체재라도 유추할 수 있을 것이라는 내용이다. 한국고전적종합목록시스템에서도 역시 『이선생예설유편』은 검색되지 않는다.

　이 책이 어느 학자의 서재에서 또 나올 수도 있겠지만, 현재로서는 소남 종가에 소장된 책이 유일본이다. 소남이 성호의 저술을 정리하여 성호학파를 이루게 했다는 평가가 과장은 아니다.

　이외에도 『용호문답록(龍湖問答錄)』에 '유고(遺稿)'라고 쓴 것을 보면 소남의 편지 가운데 일부를 아들이 단행본으로 편집한 과정을 확인할 수 있고, 소남이 쓴 논설 초고들이 『소남유고』에 다 실려 있는지 검토해볼 필요가 있다.

　「후학록(後學錄)」에 보이는 명단이 소남의 제자 명단인지 확인되면 성호학파가 인천으로 외연을 넓힌 학맥을 추적해볼 수도 있을 것이다. 소남 종가에 전해진 문헌들은 우리에게 많은 숙제를 남겨 주었다.

과거시험 준비용 도서와
시권(試券) 방목(榜目)

사서삼경을 비롯한 유교의 경전들은 거의 모든 선비의 서재에 있던 책들이기 때문에, 특별히 따로 설명할 필요가 없다.

소남 종손이 소장하고 있는 책과 문서 가운데 흥미로운 부분은 과거(科擧) 시험공부용 도서와 시권(試券), 교지(敎旨)들이 많다는 점이다. 소남 자신은 일찍이 과거시험 공부를 중단하고 성호 문하에 드나들며 실학 연구에 몰두하였지만, 그의 아버지 윤취망은 1699년 생원시(生員試)에 합격하였다. 그의 시권만이 아니라 여러 후손들의 다양한 시권이 삼백 년 넘게 간직된 것을 보면 기본적인 유교 경전을 배운 뒤에는 본격적으로 과거시험 공부에 힘썼음을 알 수 있다.

과거시험 문제는 넓은 범위에서 출제되었고, 정해진 시간에 많은 분량의 답안지를 제출해야 했으므로, 응시자들은 예상문제를 정리하여 답안지를 쓰는 요령을 연습하였다. 다산(茶山)의 글 가운데에도 과거시험 글쓰기에 관한 언급이 많이 보이는데, 윤동규의 서재에도 수십 권의 과거시험용 교재들이 전해진다.

윤동규의 아버지 윤취망이 1699년 생원시에 합격하고 받은 백패

　과거시험용 교재들은 유형에 따라 예상문제만 수집한 책, 부(賦)
나 표(表) 등의 과목에 따라 글 쓰는 형식을 설명하는 책, 역대의 모
범답안과 성적을 기록한 책 등으로 나눌 수 있는데, 소남의 서재에
는 역대의 모범답안과 성적을 기록한 책들이 가장 많다.

　『가칙(柯則)』은 『시경』 「벌가(伐柯)」에 "도끼 자루를 베세. 도끼
자루를 베세. 그 법칙이 멀리 있지 않네.[伐柯伐柯, 其則不遠.]"라고
한 데서 제목을 가져 왔다. 자기가 잡고 있는 도끼 자루를 보면 도
끼 자루의 길이나 굵기를 알 수 있듯이, 사람도 수신(修身)의 도리
를 자기 자신 속에서 찾을 수 있다는 뜻이다. 선배들의 모범 답안
을 열심히 공부하면 자기도 그렇게 지을 수 있다는 뜻이기도 하다.

　『진시정선(震詩精選)』은 우리나라 과시의 정선(精選)이라는 뜻이
고, 『여의주(如意珠)』는 이 책만 열심히 공부하면 마음먹은대로 급
제할 수 있다는 뜻이다. 『금편(錦篇)』은 비단같이 아름다운 모범답

증손자 윤극배의 진사시 합격 시권

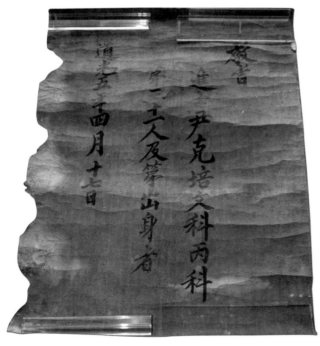

윤극배 문과 급제 홍패

안을 모았다는 뜻이다.

　소남 종가에는 소남의 아버지인 윤취망의 시권부터 손자 윤신, 증손자 윤극배를 비롯하여 석구(石求), 지수(芝秀)에 이르기까지 7대 이백 년에 걸친 시권이 보관되어 있다. 이 가운데 윤극배의 손

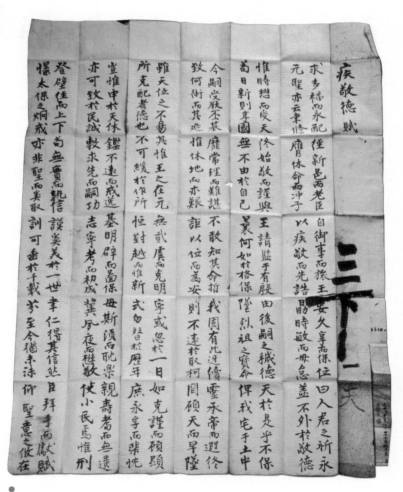

윤극배의 문과 급제 시권

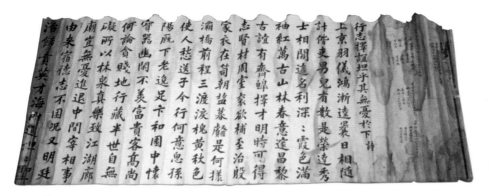

소남 종손의 증조부 윤지수의 마지막 과지

자인 윤석구는 1885년 진사에 합격하였고, 윤석구의 아들 윤지수
는 시험공부 삼아 열심히 시를 짓다가 갑오개혁(1894) 때에 과거
제도를 폐지하면서 진사시험에 응시할 기회가 없어졌다. 윤지수는
종손 윤형진의 증조부이다.

이 서재에는 진사시와 생원시 합격자 명부인『사마방목(司馬榜
目)』이 십여 권 소장되어 있다. 이 가운데 윤극배가 1810년 진사시
에 합격하여 받은『경오사마방목(庚午司馬榜目)』표지 뒷장에 "윤
진사 극배 댁"이라 적혀 있어 주인을 알 수 있고, '윤극배' 명단에
서 구경하(具慶下)라고 쓴 것을 보면 부모가 모두 살아있는 동안에
합격한 사실도 알 수 있다. 자시하(慈侍下)는 어머니만 살아 계시
고, 엄시하(嚴侍下)는 아버지만 살아 계시며, 영감하(永感下)는 부모
가 모두 세상을 떠난 뒤에 합격한 경우이다.

과거시험 합격자가 많지 않은 인천에서 이만한 분량의 과거시
험 참고서, 시권, 교지 등을 삼백 년 넘게 간직한 서재는 찾아보기
힘들다.

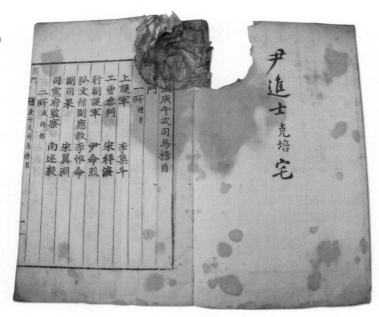

『경오사마방목』
표지 뒷장.
윤진사 극배 댁

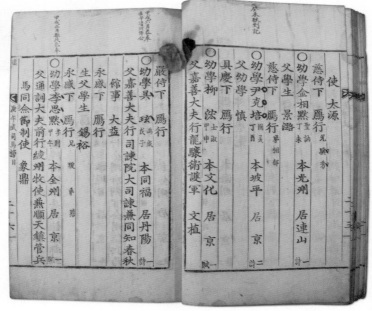

『경오사마방목』
윤극배 명단에
'구경하(具慶下)'
라고 쓰여 있다.

정조가 친히 하사한 책들 내사본(內賜本)

윤동규의 서재는 이백 년 동안 후손들이 새로운 책을 다양한 방법으로 구하면서 장서가 늘어갔는데, 그 가운데는 역사적인 기록에서 밝혀진 책도 있다. 정조가 손자 윤신에게 하사한 내사본도 그러한 경우이다.

『한국민족문화대백과사전』에서 반사본(頒賜本)의 정의를 "임금의 명령에 의하여 승정원 승지 또는 규장각 각신이 특정의 문신·관원 및 관서·사고·향교·서원 등에 내려준 책. 내사본"이라고 설명하였는데, 정조 때에 규장각을 설치하고 문학을 장려하면서 각종 과거시험에 수석으로 합격한 응시자에게도 내사본을 내렸다. 예전에는 승정원에서 책을 내렸지만, 이때부터는 정조의 자문기관이기도 한 규장각에서 내려주었다.

내사(內賜)라고 쓰여 있는 『당송팔자백선』 표지

현재 윤동규의 종가에 소장되어 있는 내사본으로는 윤신이 받은 3종이 확인된다. 정조의 일기인 『일성록(日省錄)』에서 윤신의 내사본을 검색해 보자.

『일성록』 정조 11년(1787) 1월 27일

희정당(熙政堂)에서 주강(晝講)을 행하고, 이어 초계 문신(抄啓

文臣)의 친시(親試)를 행하였다.

○『중용(中庸)』을 강(講)하였다.

○이어 친시의 표제와 비교의 부제(賦題)로 거재(居齋)하고 있는 성균관의 유생이 응제하도록 명하였다. 표(表)에서 삼하(三下)를 맞은 유학(幼學) 이석규, 부(賦)에서 이상(二上)을 맞은 유학 홍시제에게 각각 『대전통편(大典通編)』 1건(件)과 종이 3권(卷), 붓 10자루, 먹 5홀(笏)을 내렸다. 표(表)에서 삼상을 맞은 진사 엄기, 부(賦)에서 이중(二中)을 맞은 윤신(尹慎) 이하에게 각각 『팔자백선(八子百選)』과 지, 필, 묵을 차등 있게 내렸다.

이즈음에 『팔자백선』을 인쇄하였으므로, 윤신은 이듬해 시험에서도 또 한 차례 『당송팔자백선』을 받았는데, 이날은 부권(賦券) 1,707장 가운데 최상의 성적을 받았다.

『일성록』 정조 12년(1788) 3월 9일

○ 어저께 "봄 강물에 배를 띄우니 하늘 위에 앉은 듯하네.[春水船如天上坐]"로 부제(賦題)를 삼아서, 성균관 유생 및 방외(方外) 유생들에게 뜻대로 하나를 골라 지어 올리게 하였는데, 이에 이르러 성균관이 표권(表券) 840장과 부권(賦券) 1707장을 봉입하였다. (줄임) 윤신, 김처광, 홍낙준이 함께 부에서 삼상(三上)을 받았으므로, 비교할 것을 명하였다. "우형주의 백성들이 운토를 사양하다.[虞荊州民人謝雲土]"로 표제를 삼고, "공 있는 사람이다.[功人也]"로 부제를 삼았다. 표에서는 박종홍이 삼중일(三中一)로 거수(居首)하였고, 부에서는 윤신이 삼하(三下)로 거

수하였는데, 각기 『팔자백선(八子百選)』 1건을 하사하였다.

이날 윤신이 정조(正祖)에게서 상품으로 받아온 『당송팔자백선(唐宋八子百選)』은 규장각에서 찍은 금속활자본인데, 표지 뒷장에 내사기(內賜記)가 쓰여 있다.

"건륭(乾隆) 53년(1787) 3월에 응제(應製) 비교(比較)에서 삼하(三下)를 받은 유학(幼學) 윤신(尹愼)에게 『팔자백선』 1건을 내사(內賜)한다. (일부러 찾아와서) 은혜에 감사하는 일은 면제한다. 대교(待敎) 윤 아무개."

『당송팔자백선』 내사기와 규장지보. 윤신 장서인

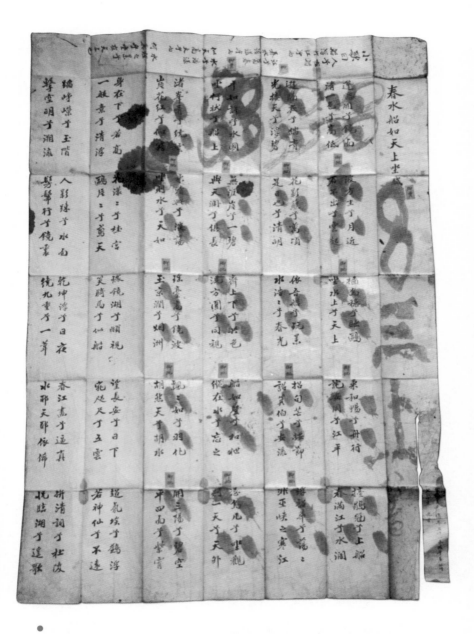

이날 윤신이 제출했던 시권에 「봄 강물에 배를 띄우니 하늘 위에 앉은 듯하네.[春水船如天上坐]」라는 제목과 함께 삼상(三上)이라는 최고점수가 쓰여 있다.

내사기 끝에는 규장각 대교의 수결(手決)이 있고, 본문 첫 페이지에는 규장지보(奎章之寶)와 윤신의 장서인이 찍혀 있는데, 후손들이 휘(諱)하기 위해 윤신의 이름과 도장이 찍혀 있는 부분은 종이로 덮어 놓고 보존하였다.

『일성록』 1790년 12월 5일 기사에서도 정조가 희정당(熙政堂)에 나아가 성균관 유생들에게 재차 시험을 실시하고, 삼상(三上)을 받은 유학 윤신(尹愼)에게 『정음통석(正音通釋)』을 하사한 기록이 보인다.

○전(箋)에서 차상(次上)을 받은 유생 및 부(賦)에서 입격한 유생들이 차례로 뜰에 들어와 예를 행하였다. "동한의 삼로인 이궁과 오경인 환영 등이, 벽옹에 임어하여 양로례를 행할 때 천자가 직접 상의를 벗고 희생을 자르며 장을 잡아서 들게 하고 술잔을 잡아 술을 올려 마시게 하며, 삼공이 자리를 마련하고 구경이 걸음걸이를 반듯하게 하여 앞뒤에서 음식을 먹을 때 목이 메지 않도록 축원하라고 명한 것에 대해 사례하는 것으로 의작하라.[擬東漢三老李躬五更桓榮等 謝臨雍行養老禮 天子親袒割牲 執醬而饋 執爵而酳 命三公設几 九卿正履 祝哽在前 祝噎在後]"로 표제(表題)를 삼고, "힐리가 일어나 춤추고 풍지대가 시를 읊었다.[頡利起舞 馮智戴咏詩]"로 부제(賦題)를 삼아 응시하게 하였다. 시권을 거두어 친히 채점하였다. (왕이) 전교하였다.

"반유에게 재차 시험을 보인 것은 권장하는 뜻에서 나온 것이다. 전정(殿庭)의 친시(親試)는 사체가 자별한데 더구나 연일 치른 두 시험은 말할 것이 있겠는가. 표(表)에서 거수한 진사 이치훈, 부에서 거수한 유학(幼學) 홍대연은 2분(分)을 주며, 삼상(三上)을 받은 유학 윤신(尹慎), 진사 이일위, 삼중(三中)을 받은 유학 남공철·권중륜·두만형·이광현·조도우 등 7인은 각각 1분을 주며, 삼하(三下)를 받은 진사 임이주·성해응, 생원 이광보·이홍달, 진사 이익, 유학 임우상 등 6인은 각각 『정음통석(正音通釋)』 1건을 사급(賜給)하며, 차상(次上)인 유학 이지연·이덕무 (줄임) 등 25인은 각각 내하지(內下紙) 1권(卷)을 사급하되 모두 내일 직접 받게 하도록 성균관에 분부하라."

원래는 이보다 하루 전에 시험을 치렀는데, 다들 성적이 좋지 않았다. 그래서 정조가 다시 시험에 응시할 기회를 주라고 명하였다.

"부(賦)를 지은 것은 과연 마음에 드는 시권들이 있지만, 전(箋)을 지은 것은 시제가 어려웠기 때문인지 문장 또한 난삽하고 법식에 따라 지은 것이 하나도 없다. 이에 부득이 80개의 시권을 모두 차상(次上)에 두어 등급을 똑같이 하였다. 상을 주려고 해도 다시 시험을 보인 뒤에야 등급을 정할 수 있으니, 성균관으로 하여금 전에서 차상을 받은 유생을 모두 내일 대령하게하고, 부에서 입격한 유생도 대령하게 하도록 분부하라."

말하자면 예선을 거친 학생들에게 상품을 주기 위해서 등급을 정하는 시험을 치른 것이다. 그래서 그런지, 이날의 시제는 흔히 출제되던 문제가 아니었다.

표(表)의 문제는 왕망(王莽)의 난세를 겪은 뒤에 후한(後漢) 명제

(明帝) 영평(永平) 2년(59) 3월에 처음으로 신하들을 이끌고 벽옹에서 삼로(三老)와 오경(五更)에게 베풀어 준 양로연을 배경으로 하여, "삼로와 오경의 입장에서 황제에게 사례하는 글을 써보라"는 것이다.

윤신이 이날 지은 부(賦)의 출제 의도는 당나라 정관(貞觀) 8년(634) 3월에 성 서쪽에서 열무(閱武)하던 날의 모습을 재연하라는 것이다. 고조(高祖)가 친림하여 장사들을 위로하고 돌아가 미앙궁(未央宮)에 술자리를 마련하고는 돌궐(突厥)의 힐리가한(頡利可汗)에게 일어나 춤을 추게 하고 또 남월추장(南越酋長) 풍지대(馮智戴)에게 시를 읊게 하였다. 고조가 "호(胡)와 월(越)이 한집안이 된 것은 자고로 없었던 일이다."라고 하자, 태종(太宗)이 "천하가 통일된 것은 모두 아버님(고조)의 공덕입니다."라고 축원하였다.

이날 윤신보다 낮은 성적을 받고도 상을 받은 인물들이 당대 최고의 문인들이었다. 삼중을 받은 남공철(南公轍)은 온 나라의 문권(文權)을 잡는 대제학과 영의정을 역임하였으며, 『연경재전집(研經齋全集)』을 남긴 성해응(成海應)이나 『사소절(士小節)』·『청비록(淸脾錄)』·『청장관전서(靑莊館全書)』 등을 남긴 이덕무(李德懋)는 정조가 사랑하는 규장각 검서관(檢書官)으로 활동하였다.

한동안 다른 상품을 받거나 회시(會試)에 곧바로 응시할 자격을 주다가, 10년 뒤에 다시 내사본을 받은 기록이 보인다.

『일성록』 정조 23년(1799) 3월 28일
주자소(鑄字所)에서 인쇄하여 올린 『은배시집(恩杯詩集)』을 차등 있게 나누어 주었다.

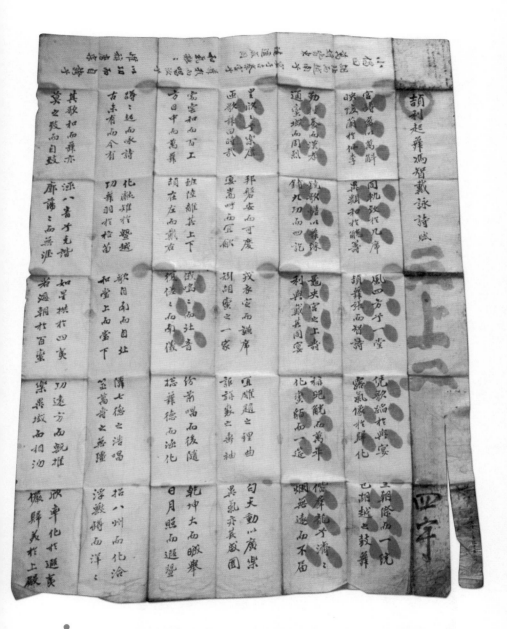

윤신이 이날 제출하여 삼상(三上)의 최고점수를 받았던 과지. 「힐리가 일어나 춤추고 풍지대가 시를 읊었다.[頡利起舞 馮智戴咏詩]」라는 부제(賦題)가 크게 쓰여 있다.

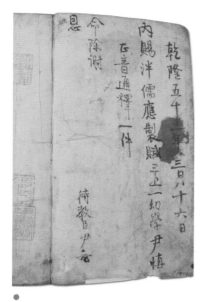

『정음통석』 내사기

『정음통석』 표지에 '내사'라고 쓰여 있다.

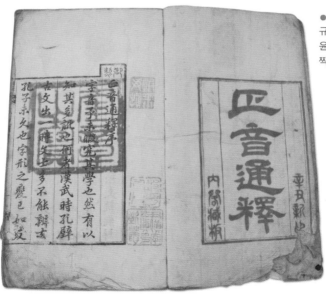

규장지보 옆에
윤신의 장서인이
찍혀 있다.

"다음은 시집을 나누어 줄 대상이다. 내가 직접 채점한 반제
(泮製)에서 여러 번 수석 등을 차지한 유생들은 (줄임) 윤신 (줄
임) 등 170인이다."

그동안 윤신은 좋은 성적을 내고도 내사본을 받지 못했는데, 이
번에 『태학은배시집(太學恩杯詩集)』을 간행하면서 소급하여 받았
다. 따라서 이 내사본은 어느 시권(試券) 때문에 상품으로 받았는지
알 수가 없다.

『태학은배시집』은 성균관 태학생과 초계문신들의 시를 모아

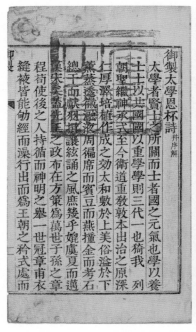

『태학은배시집』첫 장에 실린 정조의 서문

내사본 『태학은배시집』

1798년에 간행한 시선집으로 5권 2책 금속활자본이다. 정조가 성균관 춘당대(春塘臺)에서 친시(親試)를 보인 다음, 『시경(詩經)』 녹명장(鹿鳴章) '我有嘉賓(아유가빈)'이라는 글귀를 새긴 은배(銀杯)를 하사하고 어제문(御製文)을 내리자, 태학생들이 전문(箋文)을 올려 사례하였다. 그날 전문을 올린 태학생·초계문신과 일반 유생들을 춘당대에 모아 잔치를 베풀고 내각의 문신, 초계문신들로 하여금 시를 짓게 한 다음, 이들 시를 모아 편집한 것이다.

「북계도」, 「천하총도」, 「천체도」 등의 다양한 지도

소남은 기본적으로 성리학자였지만, 노론 학자들과는 달리 여러 분야에 관심을 가져 전방위적인 학문을 하였다. 우리나라 역사책인 『동사강목(東史綱目)』을 쓴 후배 순암은 선배 소남의 행장을 지으면서 그의 학문에 대하여 이렇게 소개하였다.

선생은 늘 우리나라 사람들이 우리나라의 일에 대해서 전혀 모르는 것을 개탄하고는 여러 사서(史書)를 참고하여 자수(訾水)·열수(洌水)·패수(浿水)·대수(帶水)의 사수변(四水辨)을 저술하였고, 상위(象緯)·역법(曆法)·지리(地理)·강역(疆域)의 학문과 의방(醫方)의 소문(素問)·운기(運氣)와 산수(算數)의 개방(開方)·염우(廉隅)의 법에 대해서도 모두 연구하였다.

지리학에 관한 소남의 관점은 성호나 순암과 주고받은 편지에

사수 북계도

서도 많이 나타나며, 『소남선생문집』권13에 「자·열·패·대(呰洌浿帶) 사수(四水) 변의(辨疑)」, 권14에 「백순 안정복의 지리고를 동사강목으로 고친 것에 쓰다[書百順地理考改以東史綱目]」 등의 논문이 실려 있다.

소남 당시에 국토 지리에 관심이 많아지면서 국가 차원에서 편찬한 『여지도서(輿地圖書)』뿐만 아니라 한백겸이 『동국지리지(東國地理誌)』를 짓고 유득공이 『발해고(渤海考)』를 지었으며, 신경준이 『산경표(山經表)』를 지었다.

고대사에 자주 등장하는 자수(呰水)·열수(洌水)·패수(浿水)·대수(帶水)의 위치가 어디냐에 따라 국경선이 크게 달라지기 때문에 소남이 이에 관심을 가지고 「자·열·패·대(呰洌浿帶) 사수(四水) 변의(辨疑)」를 지었으며, 이 논문을 짓기 위하여 작성한 지도가 바로 「사수(四水) 북계도(北界圖)」인데, 하도 많이 펼쳐보아서 너덜너덜해졌다. 더 이상 훼손되기 전에 보수할 필요가 있다.

문중마다 선산의 위치를 표시하는 산도(山圖)가 많은데, 위치와 방향만 대충 표시한 산도와 달리 소남은 축척까지 염두에 두고 섬세하게 「파주 파평 윤씨 분산도」를 그렸다. 파평 윤씨의 시조인 윤관(尹瓘)의 묘소를 잃어버렸다가 소남이 찾아낸 것도 문헌과 현지답사를 바탕으로 그려진 지도에서 비롯된다.

종가에는 이십여 종의 지도 뭉치가 전하는데, 가장 위에 「천하총도(天下總圖)」가 펼쳐져 있다. 역시 소남이 꼼꼼하게 그린 지도들인데, 소남이 다른 지도를 빌려다가 그대로 필사한 것인지, 아니면 나름대로 연구한 결과를 반영한 지도인지, 앞으로 면밀한 검토 분석이 필요하다.

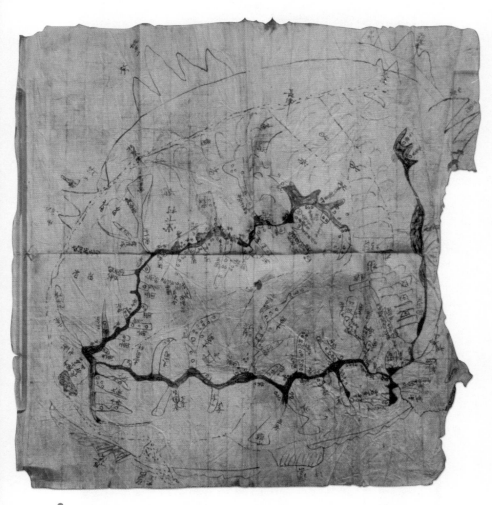

파주 파평 윤씨 분산도

「천하총도(天下總圖)」를 비롯한 지도 뭉치

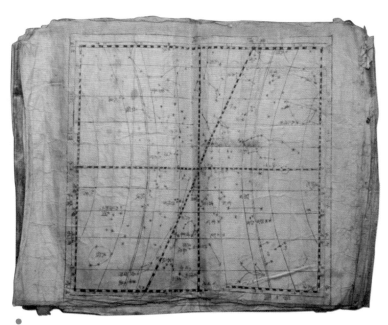

하늘의 지도라고 할 수 있는 「천체도(天體圖)」 뭉치

서양 학문을 연구하며 즐겨 인용하던 책들

성호학파가 성리학만 연구하던 노론 학자들과 달랐던 가장 큰
차이점은 서학(西學)에도 관심을 가졌다는 점이다. 성호가 긍정적
으로 천주교를 비롯한 서양 서적에 관심을 가지자 제자들도 관심
을 가졌는데, 권철신은 천주교를 신앙으로 받아들여 순교하고, 소
남은 비교적 긍정적으로 검토하였으며, 순암은 비판적으로 대응
하여 『천학고(天學考)』와 『천학문답(天學問答)』을 저술하였고, 하빈
신후담은 적극적으로 비판하여 『서학변(西學辨)』을 저술하였다.

지금 소남 종가에 전하는 책 가운데 벨기에 선교사 페르비스트
(Verbiest, F., 南懷仁)가 지은 『곤여도
설(坤輿圖說)』이 천주교 계통의 세
계지리서이다.

페르비스트는 1659년 중국에 입
국한 후 서안(西安)에서 전교하였
고, 1660년 흠천감(欽天監) 감정(監
正) 샬 폰 벨(J. A. Schall von Bell, 湯
若望)의 요청으로 북경에 진출하였
다. 그는 천주교의 전교와 천문 역
법의 업무에 힘썼으며, 1668년 역
법에 관해 상소하여 1669년도 역
서(曆書)의 오류를 지적했는데, 20
명의 고위 관리와 중요 역법가들로
위원회를 구성하여 철저히 조사하

●
벨기에 선교사 페르비스트가 지은
『곤여도설』 표지

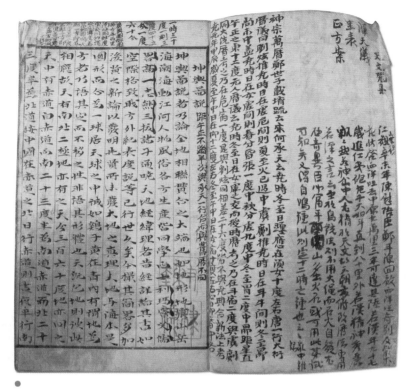

고 실험한 결과, 그의 지적이 합당한 것으로 판명되었다. 이후 흠천감을 맡아 일하면서 선교활동을 전개하였다.

페르비스트는 중국에서 활동하면서 천문 역법뿐만 아니라 세계 지리와 지도, 천주교 등 다양한 유럽 문화를 소개한 20여 종의 저술을 남겼다. 이러한 여러 저술들 가운데『곤여도설』은 그가 흠천감을 맡고 있던 1672년에 상·하 2권 1책으로 간행한 세계지리서이다. 이 책은 알레니(Giulio Alleni, 艾儒略)의『직방외기(職方外紀)』를 계승한 저술로,『직방외기』와 함께 한문지리서의 2대 명저로 거

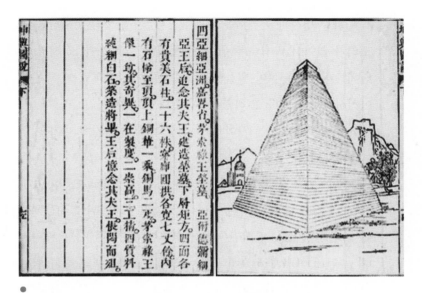

페르비스트가 지은 『곤여도설』 목판본. 「칠기도설(七奇圖說)」 가운데 피라미드

론되고 있다. 상권에는 곤여(坤興)에서 인물에 이르기까지 15조항
에 달하는 지리 통론의 내용이 서술되어 있고, 하권에는 오대주(五
大洲) 각국의 풍토·인정·명승 등에 관한 인문지리 내용과 사해총
설(四海總說), 해상(海狀)·해족(海族)·해산(海産)·해선(海船) 등 해양
지리의 내용이 수록되어 있다.

소남이 밀물에 대하여 질문하자 성호가 이 책의 내용을 들어서
설명한 기록이 『성호사설』 제1권 「천지문(天地門) 일일칠조(一日七
潮)」에 보인다.

『직방외기(職方外紀)』에 보면, "구라파의 니구백아해(尼歐白亞
海)에는 밀물이 하루에 일곱 번씩 들어온다. 옛날 아리사다(阿利

斯多)라는 명사가 물리학을 연구했는데, 이 밀물의 이치만은 알 도리가 없어서 마침내 물에 빠져 죽었다. 그리하여 그 지방 속담에 '아리사다가 이 밀물을 잡으려 했는데 반대로 이 밀물이 아리사다를 잡았다'고 하였다." 하였다.

윤유장(尹幼章 윤동규)이 이 사실을 나에게 묻기에 내가 이렇게 대답하였다.

"천하 밀물 시간의 차이는 달에 의하여 발생하고, 힘이 크고 작은 것은 태양에 의한 것이다. 이것은 이 땅 위에 어디에서나 마찬가지이니. 남회인(南懷仁)의 『곤여도설』에서도 증명된다. 그런데 어떻게 하루에 밀물이 일곱 번이나 생길 수가 있는가? 밀물은 물이 대기에 의하여 솟아오르는 것이다. 중국의 동해를 보더라도 적도(赤道)의 수원에서 북으로 갈석(碣石)까지 수만 리가 넘는데도 하루에 두 번씩 밀려오는 것을 보면 이는 대기의 힘에 의한 것이요 물의 힘이 아니다. 하늘과 땅의 힘이 밤낮으로 왼쪽으로 돌아가는데, 모든 적도 이북에 있는 것은 물이 북쪽으로 올라가니 이는 대기 때문이다. 만일 과연 하루에 일곱 번씩 온다고 하면 그 진원지가 가까워야 할 터인데 그 진원지가 어디에 있단 말인가? 대기가 남북 사이에서 여러 번 나왔다 들어갔다 할 수 있겠는가? 이는 결코 그렇지 못할 것이다. 세상에서 이치 밖에 생기는 비정상적인 사태는 모두 도깨비의 장난이다. 우리나라에서 수십 년 전에 남해에서 밀물이 물러났다가는 다시 올라와서 하루에 세 번이나 밀물이 들어 해안에 넘치고 어족(魚族)들이 많이 죽었다. 이때에 보고가 올라왔었는데, 이것은 일시적인 물의 이변으로서 물귀신의 장난이요 정상적인 이치로는 규명될 수 없다. 서양의 문제도 반드시 일시적으로 우연히 발생한 이변이었을 것인데, 아리사다라는 사람은 그의 학술이 모자랐을 뿐이다."

소남은 먼저 알레니가 지은 『직방외기』만 보고서 밀물에 관한 질문을 했는데, 성호가 그보다 발전된 『곤여도설』의 내용을 들어서 설명하자 다시 성호에게서 이 책을 빌려다가 필사한 듯하다.

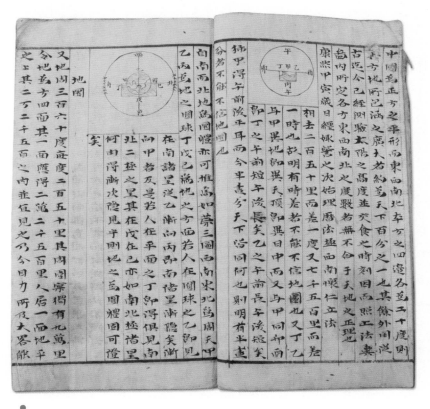

『곤여도설』지도 항목에 다양한 지도들을 필사하였다.

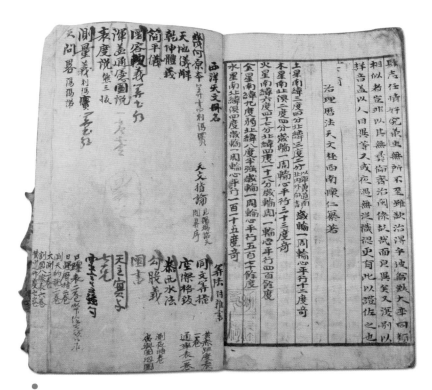

『곤여도설』마지막 장에 서양천문 책명과 산법 서명들을 적어 놓았다.

이익의 제자인 신후담(愼後聃)의 저술 가운데에도 『곤여도설』을
읽고서 지은 「곤여도설변제(坤輿圖說辨題)」가 들어 있다. 성호학파
가 아닌 박제가(朴齊家)와 서유본(徐有本), 이규경(李圭景) 등의 저술
에서도 『곤여도설』이 언급되어, 이 책이 조선의 지식인들이 중국
중심의 세계관을 극복하고 세계 지리 지식의 지평을 넓히는 데 많
은 기여를 했음을 알 수 있다.

소남이 필사한 『곤여도설』의 뒷표지에는 『기하원본(幾何原本)』,
『천지의해(天地義解)』, 『건곤체의(乾坤體義)』, 『간평의(簡平儀)』, 『혼

개통헌도설(渾蓋通憲圖說)』,『측량의(測量義)』,『천문략(天文略)』등의
서양 천문서적과『동문산지(同文算指)』,『태서수법(泰西水法)』등의
산법서(算法書), 그 뒤에는『천주실의(天主實義)』,『칠극(七克)』등
의 본격적인 천주교 교리서 제목들이 적혀 있다.

아마도 소남이『곤여도설』을 필사하여 공부하면서 서학(西學)에
관심이 넓어져, 앞으로 더 필사해서 읽어야 할 책 제목들을 적어놓
은 듯하다. 소남이 이 책들을 과연 얼마나 필사하고 읽었는지는 성
호나 순암 등과 주고받은 그의 편지들을 다 검토해봐야 확인할 수
가 있다.

페르비스트가『곤여도설』2년 뒤에 제작한『곤여전도』를 1860년에 조선에서 목판본으로 간
행하여 채색을 입힌 8폭 병풍. 서울역사박물관

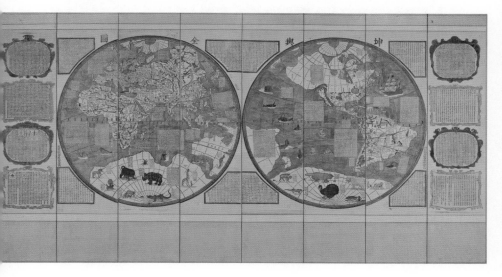

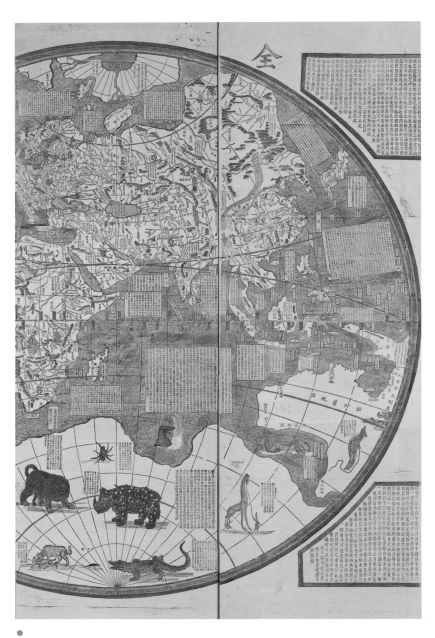

●
『곤여전도』 아시아 부분에서 중국이 세계의 중심이 아님을 보여준다.

베껴 쓴 책 바구니

가난한 선비는 책을 마음껏 살 수가 없어서, 베껴 가며 공부하였다. 중국에서 번역되어 들어오는 서양책은 돈이 있어도 사기 힘들어, 스승이나 동문들에게 빌려다가 베껴서 소장하였다. 어느 시대에나 책을 베끼는 일은 계속되었지만, 성호학파 내에서는 스승과 제자, 또는 선후배 사이에도 책을 빌려다가 베끼는 일이 흔하였다.

순암이 소장했던 책들은 일제강점기에 조선총독부 도서관에서 구입하여 지금은 대부분 국립중앙도서관에 소장되어 있는데, 「순암 안정복 탄생 300주년 특별전」을 기획하면서 도록 제목을 『실학자의 서재, 순암 안정복의 책바구니』라고 붙였다. 책바구니[書籠]라는 용어는 그 자신이 즐겨 쓰던 말이다. 그는 책을 짓거나 베끼면 모두 책바구니에 넣어 간직했다. 순암 스스로 책을 베끼는 습관에 대하여 이렇게 설명하였다.

"나는 집이 가난하여 쌓아둔 책이 없기 때문에, 젊을 때부터 즐겨 책을 초록(抄錄)하여 잊어버리는 것에 대비하였다."

소남도 역시 가난 때문에 많은 책을 베꼈다고 했지만, 책을 좋아하는 것이 천성이었기에 가난한 생활에도 불구하고 비싼 종이와 먹을 늘 마련하여 베낀 것이기도 하다. 순암은 자신이 베낀 책 바구니에 이렇게 시를 써서 붙였다.

몸에 심한 고질병이 있는데도
책 좋아하는 버릇은 아직도 없어지지 않아,
기이한 책이 있다는 말만 들으면

어떻게든 꼭 구해야 하네.
그러나 책 살 돈이 없기 때문에
그 책을 베낄 수밖에 없어,
온종일 머리 숙이고 앉아서 쓰고
등불 아래서까지 계속하네.
파리 대가리에 지렁이처럼 그려도
부끄러워할 까닭이 없고,
정 피곤하면 남의 손까지 빌어
그 책이 끝나야만 베끼는 일도 멈추지.
그리 어렵게 만들어진 책이기에
어루만지며 진귀하게 여기네.
아내는 그때마다 말리면서
피로 쌓여 병 될까 걱정하고,
친구들도 비웃으며 말하길
벼슬까지 한 사람이 뭘 그러느냐지만,
내가 내 몸의 병을 알기에
벼슬자리 오래 있을 생각 않았네.
내 좋아하는 일 버리지 않으며
아무쪼록 내 뜻대로 살리라.
자식 하나 아우 하나가 있지만
누구에게 물려줄런지는 모르겠네.
나나 펼쳐 보면 그만이지
어찌 뒷일까지 생각하랴.
어리석은 자손 만나면 모아둔 것도 없어질 테고

어진 자손 만나면 더 보탤 테지.
제일 좋기로는 지금 눈 앞에서
한 권 책으로 여러 맛을 느끼는 일일세.

沉疾已在躬, 嗜書猶不廢.
每聞有奇籍, 多方必圖致.
旣無買書錢, 乃有鈔書意.
垂首坐終日, 復以燈火繼.
蠅頭畫蚯蚓, 曾不爲愧耻.
力疲倩人手, 卷終斯置已.
成編亦艱難, 把玩自珍貴.
家人屢挽止, 勞瘁恐成祟.
亦蒙朋友笑, 旣宦安用是.
自知身有病, 不作長久計.
偏好固莫捐, 聊爾從吾志.
有一子一弟, 不知誰可遺.
我但要披閱, 豈復思後世.
逢愚聚亦散, 賢必能添寘.
不如供目前, 一卷有餘味.　-「題鈔書籠」

파리 대가리는 자잘한 글씨를 뜻하는데, 『남사(南史)』「제형양
왕균전(齊衡陽王鈞傳)」에서 나온 표현이다.

　　균이 일찍이 오경(五經)을 자잘한 글씨로 베껴 써서 상자 속

에 두었다. 시독(侍讀) 위개(衛玠)가 "왜 파리 대가리[蠅頭]만 하게 잔 글씨로 쓰는가?" 물으니, "한 번 내 손으로 쓰면 오랫동안 잊혀지지 않는다."고 대답하였다.

파리 대가리 만한 잔 글씨로 쓰면 종이도 적게 들 뿐만 아니라, 집중하여 쓰기 때문에 기억도 잘 되었다. 순암만 이렇게 베낀 것이 아니라, 그의 선배인 소남의 책들 또한 대부분이 자잘하게 베껴 쓴 책들이다.

돈을 주어 사 놓고도 몇 번 펼쳐보지 않아 몇백 년 지나도 깨끗한 책들과는 달리, 소남의 책들은 대부분 표지가 해어질 정도로 낡아 있다. 베끼고 읽는 과정에서 이미 낡아버렸고, 그 내용은 소남의 머리 속에 들어가 또 다른 글을 쓰는 자료가 되었던 것이다.

젊은이의 눈으로
자잘한 글씨를 읽고 쓰게 만들어준 안경

소남이 일흔이 넘은 노령에도 성호학파의 후배들과 편지를 주고받으며 학문을 토론할 수 있었던 배경에는 수많은 책뿐만 아니라 서양에서 새로 만들어낸 안경이 서재에 있었기 때문이다.

예전 선비들은 등잔불을 켜고 어두운 방에서 책을 읽느라고 젊은 나이에 이미 눈이 어두워졌는데, 이 시기에는 서양에서 수

소남이 쓰던 안경

안경 주머니

입된 안경을 사서 쓰면 젊은 시절처럼 여전히 책을 읽고 자잘한 글씨로 편지를 주고받을 수 있었다.

성호는 서재에서 날마다 쓰는 안경이 고마워 명(銘)도 짓고 시도 지었다. 『성호전집』 권48에 실린 「안경에 대한 명[靉靆鏡銘]」에서는 안경을 쓰고 젊은이의 눈이 되었으니 안경을 만들어낸 서양 사람에게 고마워하며 "하늘을 대신하여 인(仁)을 행하였다[代天爲仁]"고 극도의 찬사를 바쳤다.

서양 문물에 관심이 많았던 성호는 안경의 효능을 과학적으로 분석하여 시를 지었는데, 역시 서양 문물을 즐겼던 소남도 같은 심정이었을 것이다.

시골 늙은이 노쇠하여 눈이 침침해졌는데
인력으로 늙은이를 젊게 바꾸어 놓았구나.
동전 같은 두 유리알에 뿔로 만든 테를
침침한 눈에 걸치니 교묘한 힘을 내네.

책상 가득 쌓인 책을 밝게 대하여 읽으니
파리 머리 같은 글자가 하나하나 구분되네.
묻노니 어디에서 이 물건을 얻었는가
머나먼 구라파에서 처음 들어왔다네.
구라파 사람들이 처음 만든 이 물건
금비(金篦)로 망막 긁어 수술한 것과 같구나.
어두운 방에 밝은 달빛이 어찌 허황된 소리랴
내 집에 촉룡(燭龍)이 왔대도 과장이 아닐세.
어리석은 사람은 눈이 커졌나 의심하고
소년들은 장난삼아 털끝 다투어 보며 논다네.
내 듣기로는 성인이 눈의 힘을 다 써서
법도를 전해 주어 이름을 남겼다는데,
아아! 안경이야말로 지극한 보배일세
그 공이 천금보다 더 크다 하리라.

野翁衰朽明欲喪、人力能敎老變少。
玻瓈雙錢角爲匡、持暎昏眸發天巧。
羣書滿案炯相對、一一可辨蠅頭小。
借問何從得此物、初來遠自歐羅巴。
歐羅巴人創新制、金篦括瞙還同科。
暗室明月豈虛語、寒門燭龍應非過。
癡人錯疑眼孔大、少年戲與秋毫爭。
吾聞聖人竭目力、繼之規矩傳後名。
嗚呼至寶靉靆鏡、厥功更大千金輕。 　－「안경에 대한 노래[靉靆歌]」

성호는 역시 실학자다운 인식으로 안경에 접근하였다. 금비(金
錍)는 고대 인도에서 눈병을 치료하던 화살처럼 생긴 의료 기구인
데, 그것으로 눈의 망막을 긁어 맹인의 눈을 밝게 했다고 한다. 성
호도 안경을 쓰자 마치 금비로 수술을 한 것처럼 다시 눈이 밝아졌
다고 즐거워했다. 촉룡(燭龍)은 『산해경(山海經)』에 소개된 종산(鍾
山)의 용신(龍神)으로 사람의 얼굴과 뱀의 몸을 지니고 있으며, 그
가 눈을 뜨면 낮이 되고 눈을 감으면 밤이 된다고 한다.

『맹자』「이루 상(離婁上)」에 "성인께서 자신의 시력을 최대한 활
용하셔서 그림쇠, 곱자, 수준기, 먹줄 같은 도구를 만들어 이어지게
하였기 때문에, 네모, 원, 수평, 직선을 그려서 이루 다 쓸 수 없게
되었다.[聖人旣竭目力焉 繼之以規矩準繩 以爲方員平直 不可勝用也]"라
는 구절이 나오는데, 성호는 안경을 만든 서양 사람들의 공력을 성
인과 같은 공력으로 인정해 주었다.

이유원(李裕元)도 북경 시장에서 안경을 껴보고 신기하게 여겼
지만, 700금이란 말을 듣고 깜짝 놀라 사오기를 포기했다는 사연
을 『임하필기』에 남겼는데, 성호는 천금도 싸다고 하였다. 늙은 뒤
에도 책을 읽고 글을 쓰려면 천금도 아깝지 않게 여겼던 것인데,
자주 쌀이 떨어졌다고 걱정하던 소남도 이 비싼 안경은 아까워하
지 않고 구입했던 것이다. 성호나 소남이나 당시 평균수명으로는
장수하였는데, 이들의 서재에서는 안경이 문방사우(文房四友) 만큼
이나 고마운 친구였다.

종가에 소장되어 있는 『소남선생문집』 13책이 바로 소남이 안
경 덕분에 일흔이 넘은 고령에도 자잘한 글씨로 편지를 써서 후배
들과 학문을 토론한 결과물이다.

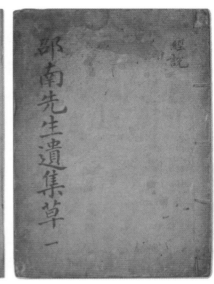

소남 종가에 소장되어 있는 『소남선생문집』 13책

엉뚱한 소문을 듣고 만들어진
애일당 초상

윤동규의 서재에 기이한 책이 많이 있다는 소문이 널리 나자, 믿지 못할 일까지 일어났다. 윤동규가 중국에 사신으로 갔다가 고금 선배들의 초상화를 많이 수집해 왔는데, 그 가운데 충장공 정분(鄭苯, ?~1454)의 초상화도 있어서 후손이 윤동규의 후손 집에 찾아가 확인하고 베껴 왔다는 것이다. 정분의 후손인 교관(教官) 정익현(鄭益鉉)이 기록한 「영정모사기(影幀摹寫記)」에 그러한 사연이 자세히 기록되어 있다.

단종대왕 원년에 계유정난이 일어난 뒤 488년 되는 경오년 4월 2일에 애일당(愛日堂) 부조묘(不祧廟) 수선 경비 기부금을 청구하는 일로 나는 사손(嗣孫)의 아우 철희(哲喜)와 함께 부여(扶餘) 외산면(外山面) 지선리(芝仙里)에 돌아들어 우연히 노형우(盧亨愚)를 방문했다가, 직원(直員) 윤난수(尹蘭秀)의 집에 애일당의 영정이 있다는 소문을 듣고 감격과 즐거움을 이기지 못해 즉시 윤직원의 집을 방문하였다.

마침 윤군이 출타하였기에 사숙(私塾)의 학도에게 먼저 부탁하여 (초상을) 한 차례 봉심(奉審)하고, 사흘 지난 뒤 신해일에 비로소 윤군을 만나 곡진하게 인사를 나눈 뒤에 자루 속에 있던 잔금을 내어서 막걸리를 사 오고, 다시 한번 초상 뵙기를 청하였다. (초상의) 내력을 자세히 물었더니, 윤군이 말하였다.

"나의 6세조 소남 선생의 휘는 동규, 자는 유장인데, 숙종 을해년(1695) 11월 25일에 태어나셨습니다. 왕사(王事)로 중국에 가셨다가 태고(太古) 이래 제왕(帝王)과 선배(先輩)들의 화상(畫像)을 수백 본(本) 베껴 오시고, 그 뒤에 5세조 광로(光魯)와 고조 치암(致巖 신)께서도 잇달아 중국에 가서 화상을 이어 베껴 모으시고, 고책(古冊) 가운데 깊이 간직해 왔습니다. 불행하게도 국가의 비운(否運)을 만나 동서로 떠돌아다니다가 육신(六臣) 제현(諸賢)의 초상 백여 본 1책은 이미 잃어버렸고, 지금 이 114본이 소장된 1책만 요행히 아직 남아 있습니다."

아아! 우리 선조 애일당 영정에는 "정분(鄭苯) 호(號) 애일당(愛日堂) 진주인(晉州人)"이라는 아홉 자가 왼쪽에 쓰여 있고, "만고지충(萬古之忠) 종신지효(終身之孝) 견의수명(見義授命) 일월쟁광(日月爭光)"이라는 열여섯 자 찬(贊)이 오른쪽에 쓰여 있었다.

정익현은 이어서 "애일당 선생이 북경에 사신으로 갔을 때에 명나라 황제가 특별히 명하여 초상을 그리게 하여 화각(畵閣)에 전하게 했던 것이 불을 보듯이 분명하다"고 초상이 중국에 있던 유래를 추측하였다. 초상은 정분의 부조묘에 봉안되고, 정익현의 「영정모사기(影幀摹寫記)」와 함께 간행되었다.

애일당 정분은 단종 즉위년(1452)에 김종서가 천거하여 우의정에 올랐지만, 이듬해 수양대군이 주도하는 계유정난 때에 낙안으

애일당 정분 영정

소남이 북경에 사신으로 가서 정분의 초상을 구해왔다는 기록

로 유배되었다가 그 이듬해에 사사(賜死)되었다. 1786년 장흥의 충
렬사(忠烈祠)에 배향되었고, 1791년 장릉(莊陵) 충신단에 배식(配食)
되었으며, 1808년 부조묘(不祧廟)를 세우게 허락받았다. 시호는 충
장(忠莊)이다.

애일당과 소남 집안의 관계를 굳이 따진다면 소남의 고조 윤
상전이 처음 인천으로 이주하여 남촌에 기반을 닦고 선영을 조
성하였는데, 그의 형 윤상민(尹商民)은 부여현감으로 부임하여 부
여에도 기반을 마련하였다. 윤상민의 아들 명신은 인천에 살았지
만, 소남의 고손자 선일(善一) 때에 부여로 이주하였다. 부여현감
윤상민의 아내가 진주 정씨인데다가 이 당시의 부여향교 직원(지
금의 전교)이 선일의 손자인 윤난수였으니, 정익현이 윤난수를 찾
아와서 수소문했을 개연성은 있다. 정익현은 1936년에 진주 정씨
선조들의 시를 수집하여 『진양합고(晉陽合稿)』를 간행한 유림이다.

그러나 소남이 중국에 사신으로 간 적이 없으니, 이 부분은 허
구(虛構)거나 와전되었을 가능성이 있다. 소남 종가에 중국에서 들
어온 신기한 책이 많다는 소문을 듣고 찾아왔다가 초상은 구하지
못하고, 다른 곳에서 찾아낸 것이 아닐까?

윤난수는 윤형진 종손의 종증조부다. 종손도 이런 사연을 모르
고 있다가, 애일당의 후손 정성희 씨가 이 책을 가져다 주며 고마
워해서 우여곡절을 알게 되었다고 한다. 소남이 이 초상을 중국에
서 구해왔다는 사실 여부를 떠나서, 소남의 서재가 널리 알려져서
사람들이 책을 보러 왔다는 사실만은 분명한 듯하다.

다양한 인천의 근대사 자료들

소남 종가에는 조선시대 서적만 있는 것이 아니라, 대한제국이 일본에 강제로 합병되고 조선총독부가 설치되어 국토를 강탈하는 시기의 변화상을 보여주는 자료들도 많다.

조선총독부에서는 모든 토지 소유자들에게 소유 토지를 입증하는 문서를 제출하여 등록하라고 했으며, 이때 등록하지 않은 토지는 모두 조선총독부 소유로 국유화하거나, 동양척식회사에서 관리하였다. 소남 종손 윤형진의 증조부 윤지수도 1910년에 인천부 남촌면 도림리에 있던 토지들을 인천부에 등록하였다. 문서의 제목은 「신청서」이며, 남촌면 여러 필지의 위치와 면적, 측량도 등이 첨부되어 있다.

소남 종가에는 한글 문서도 많은데, 기본적으로 조선시대에는 국문을 무시하여 여자들이나 쓰는 암클이라고까지 낮잡아 말했지만, 한자를 모르는 종들도 한글을 사용할 수밖에 없었다.

"신해년 삼월 이십일…"로 시작하는 한글문서는 일백 냥을 빌리면서 두 사람의 증인을 세우고, "만일 갚지 못하면 이 문서를 가지고 관아에 고발하라"고 다짐하는 내용이다. 일백 냥이라면 아마도 주인이 필요해서 누구를 내세워 빌려오게 하였을 것이다. 신해년이 1731년이라면 소남이 필요한 돈을 누군가 대신 내세워 문서를 작성하였는데, 그는 양반같이 수결(手決)이 없기 때문에 자신의 오른손을 그려서 대신 서명했을 가능성도 있다.

여성들이 한글로 기록한 문서도 많은데, 편지라든가 가사(歌辭), 소설(小說), 제문(祭文), 선조 제삿날 등이 한글로 기록되어 있다. 특

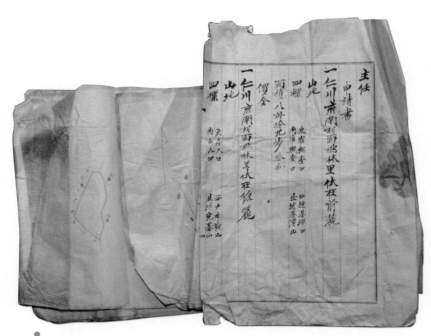

종손의 증조부 윤지수가
1910년 인천부윤에게 제출한 신청서

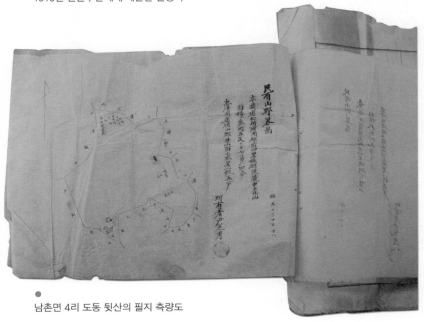

남촌면 4리 도동 뒷산의 필지 측량도

히 주방문(酒方文)은 일 년 열두 달 명절과 기후에 맞게 술 담는 방법을 적어서 새로 시집오는 며느리에게 전해주는 가문의 유산이기도 하다. 「일 년 주방문(一年酒方文)」은 구체적으로 적혀 있어서, 복원 제조하면 인천 고유의 향토주(鄕土酒)인 소성주(邵城酒)의 역사를 이삼백 년 끌어올릴 수 있다.

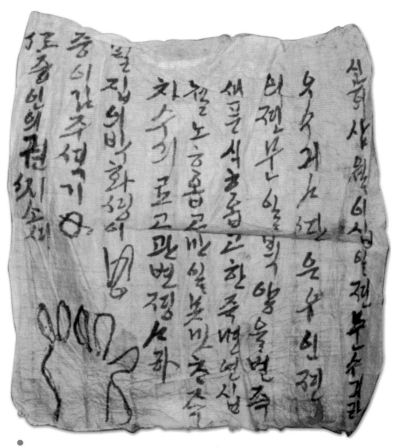

일백 냥을 빌리고 오른손을 그려서 서명한 문서

일 년 주방문
정월과 이월 부분

제사를 준비할 여성들이 읽을 수 있게 한글로도 기록해놓은 생신기일일람. 광평대군으로 시작하는 외가 기록이다.

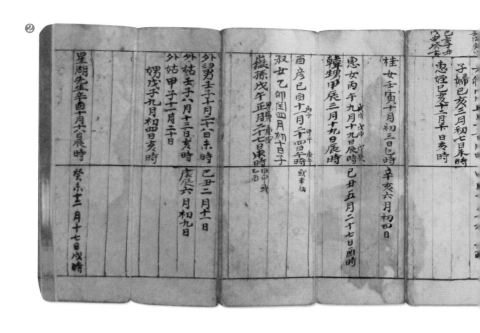

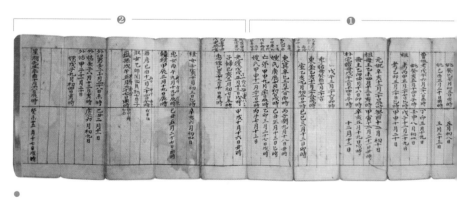

선조들의 생신(윗칸)과 기일(아랫칸)을 찾아보기 쉽도록 기록한 일람표.
왼쪽 부분 ②는 아들 광리(光履)부터 기록되어 있다.

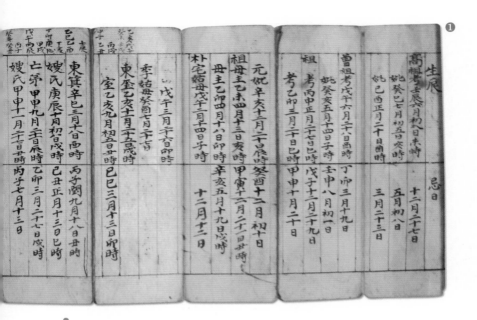

일람표의 오른쪽 부분 ①은 소남이 고조와 고조모부터 기록하였다. 접어서 간직하는 절첩본인데, 제4면에 동규(東奎)라는 이름이 보인다. 본인이 생전에 처음 작성하였으므로, 당연히 기일(아랫칸)은 비어 있다.

4장

인천의 성호학파와
윤동규의 제자들

조선시대 학문은 스승과 제자가 직접 만나 가르치고 배우기도 했지만, 생업이 있는 제자들이 스승의 집에 늘 머물 수는 없었으므로 대부분 편지를 통해 전수되었다.

안정복이 1747년에 자기 아들 경증을 소남 문하에 보낼 때에 "자식 놈이 처가의 부름을 받아 가기에 문하(門下)에 가서 배알하게 했었는데 일과(日課)를 정해 주어 강석의 끝에 참여하여 가르침을 받게 해 주셨으니, 그 얼마나 감사하고 다행한지 모르겠습니다."라고 했으니, 53세 즈음에는 여러 제자들이 그에게 찾아와 글을 배운 것이 분명하다. 그러나 성호학파에서 편찬한 사우록(師友錄)이 따로 없으므로, 성호나 소남과 주고받은 편지를 통해 인천의 성호학파와 소남의 제자들을 추적해 본다.

인천의 성호학파

우선 성호가 인천에 살던 소남 형제에게 보낸 편지를 『성호선생전집』에서 찾아보면 65편이 확인된다.

권18 : 13편 가운데 8편이 소남에게 보내는 편지이다.
권19 : 10편 모두 소남에게 보내는 편지이다.
권20 : 21편 모두 소남에게 보내는 편지이다.
권21 : 소남 17편, 윤동기 4편, 윤동진 3편으로, 모두 소남 형제에게 보낸 편지이다.
권22 : 윤동기에게 보낸 편지 2편, 신후담에게 보낸 편지 3편이다.

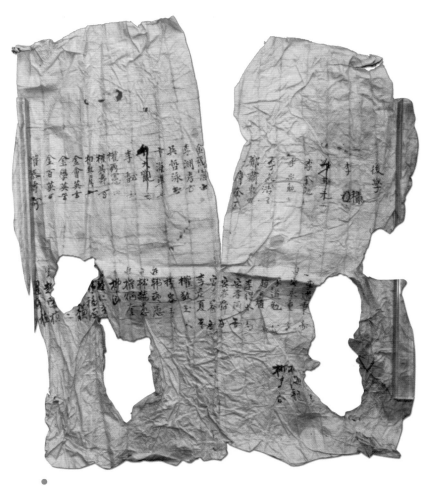

소남 종가에 후학록(後學錄)이라는 문서가 있는데, 인적사항을 확인할 수 없는 인물들이
다. 이들이 소남의 제자인지 면밀한 검토가 필요하다.

소남 3형제에 보낸 편지가 4권이 넘을 정도로 숫자가 많으며,
권21의 편집을 보면 성호, 또는 성호학파에서 이들 3형제를 하나
의 연결고리로 생각하였음을 알 수 있다. 단순히 3형제에게 보냈
다는 사실만으로 함께 편집한 것이 아니라, 이들에게 보낸 편지의

내용이 서로 연결되어 있기 때문에, 참조하기 편하도록 함께 편집한 것이다. 인천에서 형제들이 함께 토론하다가 아우가 작성한 질문 편지를 형이 가지고 오거나, 형이 작성한 질문 편지를 아우가 가지고 오면, 성호는 이 질문이 형제들의 공통 관심사라고 생각해 두 형제의 이름을 함께 써서 답변하였다.

윤동기(尹東箕, 1701~1756)의 자는 원명(源明)으로 소남의 큰아우이다. 윤동기가 처음 성호 이익을 찾아가 배우기를 청했을 때에는 아직 어렸으므로, 15세 되던 1715년에 관례를 치르게 되자 성호가 원명이라는 자를 지어주었다.

이제부터는 어른으로 인정한다는 자를 지어 주었으니, 윤동기는 성호 문하에서 다시 태어난 셈이다. 기(箕)라는 이름자에서 원명이라는 자를 만들어내는 과정을 설명하는 「윤동기자원명설(尹東箕字源明說)」이 전집 권48에 실려 있다.

윤동진(尹東軫, 1704~1735)의 자는 복춘(復春), 호는 관어처사(觀於處士)인데, 소남의 작은아우이다. 성호가 윤동진에게 답장한 편지는 1729년부터 보이며, 1730년이나 1733년에는 여러 질문을 함께 묶은 문목(問目)이 보인다. 주로 주자가례(朱子家禮)에 관한 질문과 답변이다.

성호가 지어준 묘갈명에 의하면, "몸이 너무 약해 어머니가 어린 나이부터 공부를 시키지 않아 12세가 되어서야 처음 『소학』을 읽었다"고 한다. 그는 안산 성호의 집에 머물며 스승의 저술 가운데 잘못된 부분들을 검토 수정해 주기도 했는데, 성호가 인천 집으로 돌아가는 윤동진에게 고마워하며 지어준 글 「윤복춘을 전송하는 서[送尹復春序]」가 『성호선생전집』 권51에 실려 있다.

그러나 이토록 기대를 걸었던 그가 32세에 세상을 떠나자, 성호가 만시(挽詩)와 제문을 지어 가지고 인천 소래(蘇來)에 살던 윤동진의 집까지 찾아와 곡했다. "그대가 학문에 뜻을 두고 내게 와서 배웠는데, 10년 이전에는 내가 그대에게 학문을 가르쳤지만 10년 이후로는 그대가 실로 나의 스승 노릇을 하였다."는 말은 스승이 제자에 대한 최대의 찬사이다.

소남이 묘갈명을 부탁하자 성호가 "속학(俗學)의 오류를 답습하지 않고 스스로 발명한 바가 많았으며, 여력이 있으면 추보산수(推步算數) 류를 연구했는데 왕왕 정묘한 경지를 터득했고, 손수 나무를 깎아 천문관측기를 만들었다"고 지어 주었다.

윤동진은 임종하면서 "죽고 사는 것은 명이다. 그러나 배움에 뜻을 두고도 이루지 못하고, 집을 떠나 제대로 마치지 못하며, 사우(師友)들과 더불어 영결하지 못하는 것이 나의 한이다"라고 할 정도로 학문에 집념이 강했다.

성호가 윤동진의 유고에 지어준 발문 「발윤복춘시권(跋尹復春詩卷)」이 『성호선생전집』 권55에 실려 있다.

삼종숙 윤취일(尹就一, 1682~?)의 자는 덕함(德誠)으로 인천 사람이다. 1723년 생원시에 2등 27인으로 합격하여 경기전 참봉(慶基殿參奉)을 지냈다. 통덕랑 윤희수(尹希壽)의 아들이니, 소남의 아버지인 윤취망에게는 팔촌 아우이다.

『성호전집』에 「참봉 윤취일에게 답하는 편지. 을해년(1755)[答尹

參奉 就一○乙亥]」이 실려 있다.

　소식이 끊어진 것이 몇 해나 되었는지 모르고 지내다가 마침
족자(族子)를 통해 그대의 안부를 묻기는 하였으나, 그대의 답
장을 다시 들을 수 있으리라 어찌 생각이나 했겠습니까. 이번에
뜻하지 않게 그대의 편지를 받고서 방 안에서 읽어 보니 구절구
절 그대의 정이 담겨 있었습니다. 게다가 지난날의 생각들을 다
시 듣고 보니 제 마음에 감동이 일었습니다. 제가 평소 그대를
높이 평가하였는데 나이가 들수록 그 판단이 맞았음을 확신하
게 되었습니다.

　성호에게 윤취일의 소식을 전해준 족자(族子 조카)는 물론 소남
인데, 그가 소남보다 먼저 성호의 제자가 되었는지 확인할 수는 없
다. 이날 편지에서는 1년 전에 치른 소남의 맏아들 광로의 장례에
대하여 논하였다.

　지난번에 유장(幼章 윤동규) 집안의 장례에서 꾸미는 물품을
일일이 다 갖추었다고 들었는데, 벗들의 도움을 받은 것이라고
하기에 저는 옳지 않다고 말했습니다. 지금 세상에서의 벗의 도
리가 공자(孔子) 문하의 제자들과 비교하여 어떻습니까? 공자께
서는 아들 리(鯉)를 장사 지내면서 곽(槨)을 쓰지 않았습니다. 고
대에는 회격(灰隔)을 사용하지 않았는데 아마도 흙이 관(棺)에
닿는 것에 별 신경을 쓰지 않았기 때문으로 보입니다. 가난한
형편에 후하게 장사하는 것은 이치에 맞지 않습니다. (줄임)

후손들이 우왕좌왕할까 염려되어 거친 땅 몇 마지기를 장만하여 시신이 떠내려가는 정도는 면하려고 한 것이니, 모름지기 자신의 능력에 맞게 흉사에 대비하면 됩니다. 예전에 비축해 놓은 재목이 삼천 냥어치나 된다고 하였는데, 죽음은 사람마다 반드시 맞이하는 것이고 한 번 죽을 때마다 반드시 삼천 냥의 재물을 소비한다면 어찌 이 많은 비용을 계속 마련할 방도가 있겠습니까.

소남은 형편에 맞게 장례를 치른다고 하였는데, 아들의 장례를 치르기 위해 재목을 삼천 냥이나 저축해 놓았다는 소문이 들리자 성호가 걱정하는 사연도 보인다.

그대의 편지를 거듭 읽어 보았는데, 함장(函丈)이니 시생(侍生)이니 하는 말들이 있어 저도 모르게 송구하여 몸 둘 바를 모르겠습니다. 저는 평소에 책을 깊이 읽은 것도 없으며 겸손하고 공손한 유학자의 행동을 보인 적도 없이 말과 행동이 오늘날까지도 예전 그대로 조잡하기만 합니다. (줄임)
어린 손자가 과거 시험을 치러 가려는데 청묘전(靑苗錢)을 빌리기가 어려워 갖추지 못한 것이 많습니다. 그런데 이렇게 붓을 보내 주어 요긴하게 쓰게 되었으니 멀리서 배려해 주시는 그대의 마음에 감사를 드립니다.

성호의 편지는 오랜만에 스승에게 장례에 대한 예법을 질문하며 붓을 보내준 제자에게 감사하는 내용으로 마무리되고, 이어서 본격적인 가르침은 별지(別紙)에서 전개되었다.

소남은 1762년 윤취일에게 몇 차례 편지를 보내어 안부를 묻고 경서에 관하여 토론하였는데, 한 마을에 살 때에는 직접 만나서 토론하였으므로 편지가 많지 않다. 윤취일은 인천의 성호학파 가운데 가장 연장자이지만, 특별히 제자를 가르쳤다는 기록은 확인되지 않는다.

윤동규의 제자들

이병휴(李秉休, 1710~1776)는 자가 경협(景協), 호가 정산(貞山)으로, 성호의 조카이자 성호의 문집을 수습하여 후대에 전한 제자이다. 생부는 이침(李沉)인데, 성호의 형인 이잠(李潛)의 양자로 들어갔다. 노론에 의해 역적의 양자라고 지목되어 관계 진출이 불가능해지자, 성호의 학문을 집대성하고 발전시키는 일로 일생을 보냈다.

소남과는 성호 문하의 15년 차이나는 선후배 사이인데, 성호가 세상을 떠나자 소남에게 편지를 보내어 제자가 되기를 자처하였다. 1769년 2월 28일 보낸 편지에서는 "집사의 숙덕(宿德)이 후학들에게 종사(宗師)가 된다"고 감사하였으며, 봉투에 늘 "시교생(侍敎生) 이병휴 재배(再拜)"라고 써서 편지를 보내왔다.

소남의 견해를 다 받아들인 것은 아니었지만, 성호학파의 학풍을 이어받아 치열한 토론을 벌린 끝에 상당수는 자신의 학설을 보완하였다. 소남이 그에게 보낸 편지가 종가에 113통이나 남아 있

이병휴가 세상을 떠나자 소남의 손자 윤신이 제문을 지었다.

어, 순암(118통) 다음으로 많이 교류하였다. 소남이 받은 편지로는 성호 다음으로 그의 편지가 많아서, 세상을 떠나기 직전까지 치열하게 학문을 토론하였음을 알 수 있다.

이제임(李齊任)은 사간(司諫) 이봉령(李鳳齡, 1690~1756)의 아들로 세종의 아들인 담양군(潭陽君) 이거(李璖)의 후예이니, 소남의 처가 인물이다. 성호가 지은 「사간원 사간 이공 묘갈명 병서(司諫院司諫李公墓碣銘 幷序)」에는 소남이 지은 이봉령의 행장을 보고 묘갈명을 지었다고 했는데, 『소남선생문집』에 제문과 「통훈대부 행 사간원 사간 이공 행장(通訓大夫行司諫院司諫李公行狀)」이 실려 있다.

소남이 이제임에게 보낸 편지는 1771년과 1772년에 보낸 13편이 『소남유고』권8에 실려 있다. 이 가운데 「답이제임논우율사칠설(答李齊任論牛栗四七說)」, 「답이제임독서전품목(答李齊任讀書傳稟目)」 등은 제목만 보아도 논문 형태인데, 이제임이 구체적인 논문이나 질문목록을 만들어 스승에게 보내면 소남이 자신의 견해를 밝히는 형식이다. 뒤의 편지는 7면에 걸쳐 논증할 정도로 진지하다. 이 편지들은 소남이 76세 되던 해부터의 것들이니, 그 이전에도 많은 편지가 오갔을 텐데, 문집을 편집하는 과정에서 없어진 듯하다.

이제임에게 보낸 첫 번째 편지를 보면, 그는 그 이전부터 도림동 소남의 집에 와서 한동안 머물며 배웠음을 알 수 있다. 소남의 임종 직전에 마지막 가르침을 부탁한 사람도 이제임이다.

소남의 병이 위독해지자 이제임이 물었다.

"학문하는 공부 가운데 종신토록 행할 만한 것이 있습니까."

그러자 소남이 이렇게 가르쳤다.

"공경으로 마음을 정직하게 하고[敬以直內] 의리로 행실을 방정하게 하며[義以方外] 학문을 널리 배우고 뜻을 독실히 하며[博學篤志] 절실히 묻고 가까이 생각하며[切問近思] 예로 행하고 겸손하게 드러내는 것[禮行遜出]이니, 이외에 다른 것이 없다."

그리고 퇴계(退溪)의 자명(自銘)을 외우며 사람들에게 "이 글이 실로 내가 평소에 좋아한 것이다."라고 했다.

이 두 가지 가르침은 그 자리에 함께 있던 제자 권귀언이 인상

깊게 기억했다가 스승의 행장 초고에 기록하였다.

권귀언(權龜彥)도 소남의 말년 제자인데, 『소남유고』권7에 1766년부터 1773년까지 권귀언에게 보낸 편지 6편과 별폭(別幅) 1편, 권8에 시기가 밝혀지지 않은 편지 1편이 실려 있다. 소남이 세상을 떠나기 직전인 6월에도 편지를 쓸 정도로, 말년까지 가까이서 모셨다.

형조참의 류헌장(柳憲章)의 사위로, 성호의 조카이자 첨지중추부사(종2품) 벼슬을 했던 이용휴(李用休)와 동서이다. 동서 이용휴에게 듣고서 성호학파에 입문하여 소남에게 배운 듯하다. 소남의 생애와 학문을 가장 잘 알고 있던 제자이므로, 윤신이 조부 소남의 행장 초고를 권귀언에게 지어 달라고 부탁하였다.

> 이에 내가 비록 문장을 잘하지는 못하지만 의리상 사양할 수 없기에 대략 권귀언(權龜彥)이 기술한 원장(原狀)에 의거하고 아울러 평소 나의 문견을 서술하여 이 행장을 기록한다. 내가 비록 형편없는 인물이지만 어떻게 지나친 말로써 선생의 덕을 손상할 수 있겠는가. 삼가 이상과 같이 갖추어 기록하여 (묘지명의) 작자가 채택하기를 기다린다.

순암이 소남의 행장 마지막 단락에서 밝힌 것처럼, 권귀언이 지은 원장(原狀)을 바탕으로 안정복이 소남의 행장을 지었다. 현재 소남 종가에 남아 있는 『소남 윤선생 행장초(邵南尹先生行狀草)』와 『순암집』에 실려 있는 「소남선생 윤공 행장」의 형태나 내용이 다

른 것도 이 때문이다. 『소남 윤선생 행장초』가 바로 권귀언이 지은
글이다.

윤광로(尹光魯, 1718~1754)는 자(字)가 증백(曾伯)으로 소남의 맏
아들인데, 『논어』를 읽던 중에 이 아들을 낳았으므로 아명(兒名)을
노언(魯彦)이라 하였다. 소남이 지은 「장자행장(長子行狀)」에 의하
면 말을 배우기도 전에 책을 들고 옹알거리며 읽었고, 성호의 갑자
년(1744) 생신에 서(序)를 지어 축하하자 성호가 보고 기특하게 여
겨 "이 아이의 문장이 이미 뛰어나다"고 칭찬하였다고 한다.

"도회(都會)에서 선비들을 시험했는데, 처음에 장원하여 이름이
몹시 회자되었다"고 했는데, 아들 윤신이 편집한 『선고(先稿)』 첫

장에 실린 「감송소금사(感送蕭琴士)」에 "을축도회(乙丑都會) 삼상장(三上壯)"이라는 성적이 쓰여 있다. 성호가 칭찬한 이듬해(1745) 도회(都會)에서 삼상(三上)의 우수한 성적으로 장원한 것이다. 계속 뛰어난 성적을 내어 많은 사람들이 기대했지만, 침을 잘못 맞아 일찍 별세하는 바람에 학문을 성취하지 못했다.

윤광연(尹光淵, 1729~1783)은 자(字)가 우중(愚仲)으로, 소남의 둘째 아들이다. 소남이 윤광연에게 보낸 편지는 『소남유고』 권8에 6편이 「기연아서(寄淵兒書)」라는 제목으로 실렸다.

윤신(尹慎, 1738~1812)은 자가 사진(士眞), 호가 치암(致菴)으로 윤광로의 맏아들, 소남에게는 장손이다. 소남이 윤신에게 보낸 편지는 『소남유고』 권8에 1편 실렸다. 제자이자 손자로서 소남의 문집을 편집했는데, 족보에 "문학으로 이름났다[以文學名]"고 하였다. 소남 종가에 윤신의 글이 상당수 남아 있는데, 성균관 응제에 부(賦)를 지어 최고 점수를 받은 사실이 『일성록』에 기록되어 있다.

윤신은 성호학파의 인물들과 활발하게 연락했는데, 다산 정약용의 글에서 예를 찾아보자.

을묘년(1795)에 목만중이 이가환(李家煥)을 모살(謀殺)하려 할 때 공은 또 윤신(尹慎)에게 편지를 보내어 가환의 무죄를 밝혔다가 불량배(不良輩)들에게 크게 미움을 샀다.

– 『다산시문집』 제15권 「매장(梅丈) 오석충(嗚錫忠)의 묘지명」

형조판서를 지낸 정헌 이가환은 성호의 조카인 이용휴의 아들이고, 오석충은 우의정 오시수의 증손자이다. 신유사옥으로 천주교 박해가 절정에 다달았을 때에 성호학파 중심인물 가운데 이가환, 정약종, 이승훈 등이 처형당하고, 정약용, 정약전, 오석충 등은 유배되었다. 그 와중에 윤신이 여러 차례 활동한 사실이 정약용의 글들에서 확인된다.

윤위(尹愇, 1745~1789)는 자가 사시(士是)로, 윤광로의 작은아들이다. 광연에게 양자로 입적되었다. 소남이 윤위에게 보낸 편지는 『소남유고』 권8에 1764년 9월 날짜로 함께 실렸다. 소남이 윤위의 형(윤신)에게 보낸 편지와 함께 설명하는 것을 보면, 이들 형제도 소남 형제같이 평소에 함께 학문하며 토론한 듯하다.

안경증(安景曾, 1732~1777)은 순암의 아들로 자가 노수(魯叟)인데, 순암이 경기도 광주 덕곡에 살던 1747년에 소남에게 보내 강학을 부탁하였다. 16세 되던 안경증이 인천 도남촌에 와서 얼마나 오래 배웠는지 알 수 없지만, 소남의 제자들 사이에 들어앉아 배운 것만은 확실하다. 소남과 남촌에 같이 살던 팔촌 아우 윤동열(尹東說)의 사위였기에, 처가에 올 때마다 배운 기록이 많이 보인다. 1762년에 생원3등 54위로 합격하였다.

안경증은 부친 순암과 스승 소남 사이에서 학문의 중개자 노릇을 하였는데, 1759년에 순암 자신이 병약해 『동사강목(東史綱目)』을 완성치 못할 위험에 처하자, 아들 안경증을 불러놓고 『동사강목』의 마무리를 부탁하였다. 나머지 부분은 성호의 손자인 이구환과 제자 권철신에게 맡기고, 최종 마무리는 소남에게 부탁하라고 유언하였다. 다행히도 순암이 병석에서 일어나며 본인이 마무리 하였지만, 순암은 선배 소남에게 필생의 사명이었던『동사강목』의 최종 마무리를 부탁했고, 안경증은 스승과 아버지 사이에서 학문 의 중개역을 맡은 것이다.

한정운(韓鼎運, 1741~1819)의 자는 사웅(士凝)이다. 본관은 청주 이며, 서울에 거주하였다. 1768년에 문과에 급제하여 병조참의 등 을 역임하였다. 처음에는 성호의 문인인 소남과 순암에게 배웠으 며, 이후 대산(大山) 이상정(李象靖, 1711~1781)의 문인이 되기도 하 였다.

18세기 영남학파의 대표적인 학자 이상정이 소남의 존재를 알 고 있었지만, 문집을 보거나 찾아갈 수 없었기에, 소남에게서 배우 다가 자신에게 온 제자 한정운에게 1769년에 편지를 보내어 소남 의 학설을 질문하였다. 이상정이 한정운의 답장을 받고, 소남의 학 문에 관하여 논증하였다.

한가하게 지내는 용호(龍湖)의 거처에서 조용히 따르며 의심 나는 것에 대해 물어볼 수 없는 것이 안타깝습니다. 윤 장(尹丈) 은 학문에 연원이 있으며 깊이 연구하고 공부가 지극하니 분명 깊이 나아가 자득한 견해가 있을 것입니다. 그러나 나의 경우는 단지 길거리에서 주워듣고 길거리에서 말하고 있을 뿐이니, 거 의 공자가 말한 덕(德)을 버리는 자에 해당할 것입니다. 부디 족 하께서는 스승의 가르침을 독실하게 믿고 잡설(雜說)을 가지고

생각과 지식을 어지럽게 하지 마십시오. 이 또한 취사를 잘 살피는 방도입니다. (줄임)

성호(星湖)의 중발(重跋)은 『사칠신편(四七新編)』에 실린 내용과 상반되어 바로 삭제하였으니, 한 가지를 고집하고 않고 결국 바른 데로 돌아간 것으로 미뤄보아, 마음을 쓰는 것이 공정하고 이치를 터득함이 깊다는 것을 알 수 있습니다. 윤 장(尹丈)의 설을 멀리서부터 보여 준 것은 매우 고맙습니다. 말뜻이 온당하고도 치밀하고 이치가 심오하니 그의 한가한 가운데의 공부가 사람으로 하여금 아득히 그리움을 자아내게 합니다. 한두 가지 미심쩍은 곳이 있지만 직접 만나 보지 못하여 감히 경솔하게 언급할 수가 없으니, 부디 양지하시기 바랍니다.

- 『대산집』 권32 「답한사응(答韓士凝)」

성호가 『사칠신편』의 발문을 고쳐 쓰고도 소남의 비판에 따라 다시 삭제한 점에 대하여 이상정은 놀라움을 금치 못하였다. 절차탁마하는 성호학파의 학풍을 보고, 만나 보지도 못한 소남에 대하여 아득한 그리움이 생겨난 것이다.

이상정은 1770년에도 한정운에게 편지를 보내어 "용호(龍湖 윤동규)와 한산(漢山 안정복)은 (이 문제에 대하여) 어떻게 생각하고 있습니까? 분명 논평이 있었을 것이니, 숨기지 말고 적어 보내 나의 몽매함을 일깨워 주시기를 간절히 바랍니다."라고 부탁하며 소남의 학설에 관심을 가졌다. 소남 생전에 그의 학문이 이 제자를 통하여 영남에까지 알려지게 된 것이다.

이기경(李基慶, 1756~1819)의 자는 휴길(休吉), 호는 척암(瘠菴)으로, 지평 이제현(李齊顯)의 아들이다. 소남 말년의 제자로, 그가 관례(冠禮)를 치를 때에 지어준 「이기경 휴길 자설(李基慶休吉字說)」이 『소남선생문집』 권14에 실려 있다.

1789년 문과에 급제한 뒤에 지평, 예조정랑 등을 역임하였는데, 이승훈(李承薰)·이벽(李檗) 등으로부터 천주교에 관한 책을 얻어 본 뒤, 종래의 주자학과 다름을 알고 배척하였다. 정언·이조좌랑을 지냈으며, 그가 천주교를 공격하기 위하여 편찬한 『벽위편(闢衛編)』은 정조·순조시대의 천주교사 연구(天主教史研究)에 중요한 자료이다.

『소남유고』 권7에는 권귀언에게 보내는 편지에 이어 성호의 손자인 이구환(李九煥, 1731~1784)에게 보내는 편지가 1763년부터 세상을 떠나기 직전인 1772년까지 18편이나 실렸는데, 상세한 토론이 계속되었다.

그 뒤에는 권철신(權哲身, 1736~1801)에게 보내는 편지가 1760년부터 1769년까지 6편이 실렸는데, 「답시의문목(答詩疑問目)」 경우에는 25조목을 별지로 적어 보낼 정도로 상세하게 설명하였다. 이구환이나 권철신이 이 시기부터 편지를 보내어 질문한 이유는 성호가 1763년에 세상을 떠나면서 자연스럽게 학풍이 같은 동문 선배 소남에게 배우게 된 것이다.

권8 끝부분에 권귀언에게 보내는 편지에 이어 이최수(李最壽), 정인서(鄭仁書), 우징태(禹徵泰) 등에게 보내는 편지들이 실렸는데, 이들도 제자일 가능성이 있다. 1769년에 이최수에게 보내는 문목

(問目)에는 4건의 질문과 답변이 실려 있다.

박필전(朴弼傳)의 호는 성암(省菴)인데, 좌의정을 지낸 소론(少論) 학자 박세채(朴世采, 1631~1695)의 손자이다. 『역주 인천부읍지(仁川府邑誌)』에 실린 「선생안(先生案)」에 의하면, 1744년 11월 20일에 243대 인천도호부사로 제수되어 12월 28일에 부임하고, 30개월 다스리다가 1747년 5월 29일에 떠났다. 윤동규가 1746년 2월과 1747년 4월 박필전에게 보내 가례를 논한 편지 2편이 『소남선생문집』 권7에 실려 있다. 인천부사 박필전을 성호학파에 포함시킬 수는 없지만, 윤동규가 소론계 학자와도 가례에 관해 토론했음을 알 수 있다.

성호가 학파의 정통을 소남에게 넘겼지만, 성호 사후에 조카 이병휴가 충청도 예산에서 성호 문집을 편찬하면서 성호학파의 중심이 이병휴에게 넘어갔고, 인천에서 예산까지 왕래하기가 힘들었으므로 소남을 비롯한 인천의 성호학파는 자연히 잊혀졌다. 이제부터라도 『소남선생문집』을 번역하고 성호학파 학자들이 주고받은 논설을 분석하여, 인천 성호학파의 학맥과 위상을 재구성해볼 필요가 있다.

5장

성호학파의 외연을 끌어들인

인천의 숙제

인천시 남동구 도림동은 18세기 후반의 최고 석학들인 성호(星湖) 이익(李瀷)과 순암(順菴) 안정복(安鼎福)을 비롯한 성호학파 학자들이 찾아오고, 소남(邵南) 윤동규(尹東奎)가 제자들을 가르쳐 성호학파의 외연을 넓혔던 곳이다.

경기도 안산 일대에서 활동했던 성호학파 가운데 성호의 맏제자인 소남 윤동규의 방대한 문집과 문서, 유품들이 인천시 남동구 도림동 종가에 전해 왔다. 성호의 3대 제자 가운데 『동사강목』을 쓴 안정복이나 성호의 문집을 집대성한 조카 이병휴는 널리 알려졌지만, 정작 성호가 학통을 전수해달라고 부탁해 스승의 행장을 짓고 저서의 서문이나 발문을 써서 후세에 남긴 맏제자 윤동규는 인천에 묻혀 살며 공부만 하고 벼슬하지 않았기에 잘 알려지지 않았다.

그동안 윤동규 개인에 관한 논문은 몇 편 발표되었지만, 문집이 워낙 방대하기에 개괄적인 소개에 그칠 수밖에 없었다. 그 밖에 스승 성호의 학설과 비교한 논문들이 여러 편 발표되었는데, 김성윤의 논문 「18세기 기호남인의 홍범 이해-성호 이익과 소남 윤동규를 중심으로」(『조선시대사학보』 16집, 2001)에서 '홍범(洪範)의 정치성에 관한 성호의 학설을 발전시켜 다산(茶山)의 군주론으로 계승되었다'는 긍정적 평가를 내렸지만, 『경학자료집성』만을 이용했기에 윤동규의 문집 전체를 참조하지 못한 아쉬움이 있다. 『소남선생문집』이 묻혀 있어서 한국고전번역원 문집총간에도 들지 못하고, 번역도 되지 못했기 때문이다.

이 밖에 인천광역시립박물관에서 간행한 『소남 윤동규가 소장 간찰(邵南尹東奎家所藏簡札)』이라든가 장서각에서 간행한 『소남 윤동규 서간(邵南尹東奎書簡)』에 간찰 자료의 일부 사진과 탈초, 현황을 소개한 해제들이 실려 있어서, 그나마 학자들이 활용하여 연구를 해왔다.

이 책에서는 소남 종가에 300년 동안 전해 오던『소남선생유집초(邵南先生遺集草)』의 중요성을 인식시키고, 지금까지 안산과 광주, 충청도 중심으로 제한되었던 성호학파의 문화지도를 인천까지 넓혀보기 위해 윤동규와 인천의 성호학파를 개괄적으로 소개하였다.

앞의 논문에서 일부 알려진 내용도 다시 소개했던 이유는 도림동 종가에 전해오던 2,000여 점의 유품을 인천시에서 정리하고 그의 문집도 인천시에서 번역해, 그를 인천의 문화인물로 부각시키도록 자료를 제공하기 위해서이다. 지금까지 인천의 역사와 문화라면 으레 개화기부터 거론했는데, 이 자료들이 정리되면 연구 시기와 대상이 200년 이상 올라가게 되고, 그만큼 인천의 문화유산이 풍부해질 것이다.

되찾아와야 할 인천의 문화유산

소남의 9대 종손 윤형진(당시 59세) 씨는 종가에 전해오던 고문서 1천여 점과 서책 및 다양한 유물 318점을 2005년 2월 22일 인천시립박물관에 기탁하였다. 윤형진 씨는 4월 18일 인천시청에서 열린 유물기탁식에서 "인천시립박물관이 유물에 대한 한글화 작업을 벌여 교육자료로 잘 활용해 주길 바란다"고 말했다. "개인적으로 유물을 잘 관리할 수 없을 것으로 판단해 어딘가에 기탁할 생각을 했고, 선조들이 오래 살았던 인천에 기탁하는 것이 옳다고 생각했다"는 것이다. 이 유물은 2010년 1월 15일까지 5년간 기탁하였는데, 윤형진 씨는 5년간 기탁한 이유를 이렇게 설명하였다.

"기탁기간을 정하지 않으면 인천시립박물관에서 연구 작업에 게으름을 피울 수도 있고…. 자극이 필요하다는 생각에 기간을 두었지만 영구 기탁이나 다름없습니다."

그러나 그가 속으로 걱정했던 것처럼, 인천시에서는 이 자료를 활용치 못했을 뿐만 아니라, 박물관에 1명 배치했던 학예사마저 다른 임무를 맡겨, 소남 관련 자료를 연구할 직원이 없어졌다. 윤형진 씨는 할 수 없이 그 자료를 반환받아, 보존시설과 연구인원이 충분한 한국학중앙연구원에 이관 위탁하였다. 그러나 선조 소남의 자료들이 고향 인천에 소장되지 못하고 중앙기관에 위탁된 사실을 마음 아파하고 있다. 지금이라도 인천시립박물관, 또는 인천문화재단에서 영구위탁받아 번역과정을 거쳐 많은 사람들에게 활용되기를 기대하고 있다.

다시 편집해야 할 『성호전집』

이 자료들의 중요성을 두어 가지만 소개하면 다음과 같다.

가장 숫자가 많은 자료는 간찰인데, 소남이 보낸 것이 308통, 받은 것이 334통, 그 밖의 것이 48통이다. 소남이 보낸 편지의 수신인은 성호 49통, 이병휴 113통, 안정복 118통, 그 밖에 신후담·

권철신·이철환·이구환 등의 성호학파 문인들에게 보낸 편지가 28통이다. 소남이 받은 편지의 발신인은 성호 221통, 이병휴 37통 외에 안정복·채제공·이가환 등이다. 간찰은 당연히 친필이어서 하나하나가 중요한 문화재이거니와, 이 가운데 성호의 간찰을 예로 들면 『성호선생전집』에는 이 가운데 56통밖에 실리지 않아 165 통이나 되는 성호의 친필 편지들이 새로운 자료로 발견된 셈이다.[*]

이 자료가 모두 탈초(脫草)되고 번역되면 성호와 소남의 관계뿐 만 아니라 성호학파의 전모도 좀 더 분명하게 밝혀질 것이다. 소남 이 보낸 편지 가운데 『소남유고』에 실리지 않은 편지도 물론 상당 한 분량이다.

유물 가운데 호패(號牌)가 6건 있는데, 윤성수(尹聖壽, 丙申生 1656~1708)부터 윤구용(尹九容, 癸未生 1883~1953)까지 10대에 걸 친 유물이다. 윤구용의 아들 윤재덕(尹在德)은 1928년생이니, 윤구 용의 호패는 조선시대 마지막 시기의 호패이기도 하다. 이 호패 6 건과 수십 개의 인장에 300년의 문중 역사가 담겨져 있다. 이외에 도 백여 건의 백패(白牌), 홍패(紅牌), 교지(敎旨), 고신(告身), 과지(科 紙)들을 통해 인천지역 사대부의 과거시험과 벼슬생활을 확인할 수 있다.

윤동규의 후손들은 서울에 살 때에도 인천에 농장과 종들을 남 겨두었으니, 호구단자와 토지 매매문서 등을 통해서는 인천지역 에 생활 근거를 두었던 양반들의 경제생활을 엿볼 수 있으며, 윤

---

[*] ── 이러한 통계들은 임학성의 해제 「소남 윤동규가 소장 간찰 자료의 현황」에 자세히 밝혀져 있다. 『소남 윤동규가 소장 간찰(邵南尹東奎家所藏簡札)』, 인천광역시립박물관, 2009, 137~141쪽.

윤성수(1656년)부터 윤구용(1953년)까지 삼백 년에 걸친 호패 6건

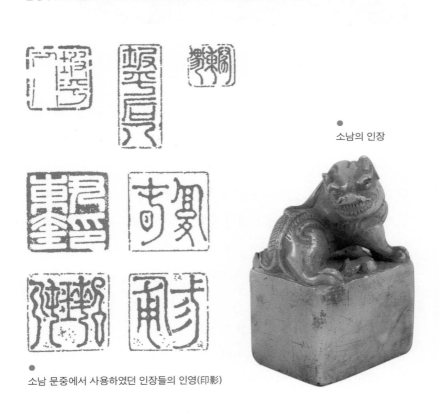

소남의 인장

소남 문중에서 사용하였던 인장들의 인영(印影)

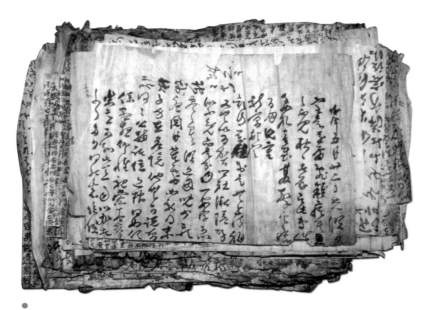

신(尹愼) 아내의 한글 편지는 200년 전 여성의 의사소통 방법을 보여준다.

현재 남아 있는 소남의 문집은 온전한 형태가 아니다. 서문과 발문이 없어 문집의 체제가 갖춰지지 않았을 뿐더러, 누가 언제 어떻게 편집했는지 과정도 분명치 않다. 그러한 과정에서 수많은 글이 없어졌다. 확실한 사실만 들더라도 스승 이익에게 보낸 한시가 다 없어지고, 이익이 차운한 시만 『성호전집』에 남아서 그 흔적을 보여줄 뿐이다.

없어진 글들의 범주를 가장 확실하게 알려주는 증거는 후배 안정복이 지은 「소남선생행장」인데, 우리나라의 역사와 지리에 관한 글들은 더러 남아 있지만, 상위(象緯)·역법(曆法), 의방(醫方)의 소

문(素問) · 운기(運氣)와 산수(算數)의 개방(開方) · 염우(廉隅)의 법에
관한 글들은 하나도 전하지 않는다.

현재 남아 있는 글과 행적만으로도 그가 성호학파의 중심인물
이었음을 확인할 수 있지만, 이러한 글이 남아 있다면 조선 후기
대표적인 실학자의 반열에 올려놓아도 손색이 없다. 소남 종가에
서 제목을 붙이지 않고 묶어 놓았던 낡은 문서 뭉치라든가, 인천
어느 구석엔가 따로 돌아다닐 가능성이 없지는 않다. 예를 들면
'0365문서일괄'로 명명된 문서뭉치는 아직 들춰보지도 못한 문서
120점이고, '0535잡저일괄2'로 명명된 고서는 표지에 제목이 적
혀 있지 않은 고서 16책이다.

'0535잡저일괄'에 16책이 뭉뚱그려 있다.

부모가 쓴 글씨 한 장도 버리지 않았던
소남의 후손들

이백 년 지나면서 어쩌다 찢어진 한글편지 한 장도 버리지 않고 간직할 정도로, 소남의 후손들은 선조의 유물을 곱게 전해왔다. 『부모주유묵(父母主遺墨)』은 제목 그대로 부모님의 글씨들을 버리지 않고 모은 것인데, 사진 오른쪽의 글씨는 광로가 14세에 관례(冠禮)를 치르게 되자 소남이 지어준 축사(祝辭)를 아들이 낡은 책 뒷장에 붙여서 간직한 것이다.

소남의 종손은 몇 차례 이사를 다니면서도 소남의 유물 이천여 점이 들어 있는 책상자들을 끌고 다녔다. 이제는 인천시에서 이 유

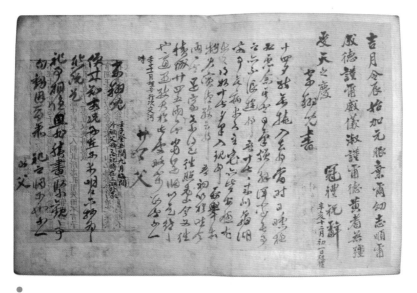

● 오른쪽에 신해년(1731) 12월 1일에 지어준 관례 축사가 보인다.

물들을 받아들여 정리하고, 시
민들이 볼 수 있도록 전시하며,
학자들이 활용할 수 있도록 번
역 출판할 시점이 되었다. 그렇
게 되면 '0083천하총도 외 지
도일괄'로 묶여져 있던 소남의
지도 19점도 하나하나 진가를
발휘하게 되고, '0087잡방문'
에 실려 있는 그림들의 정체도

『부모주유묵』 표지

천하총도 외 지도일괄

드러날 것이다.

이백 년 넘게 여러 곳을 돌아다니던 소남 종가의 유물들이 인천에 자리를 잡으면 18세기 인천의 모습이 좀 더 뚜렷하게 보이게 될 것이다.

위는 유물번호 0087잡방문의 오른쪽. 아래는 왼쪽

참고문헌

이 책을 쓰면서 선학들의 논문을 참조하였지만, 연구서가 아니기에 일일이 각주를 달지 않았다. 문집이 번역되거나 데이터베이스로 구축되지 않은 상황에서 소남 연구의 방향을 짚어주신 여러 분들께 깊이 감사드린다.

자료

- 大東文化研究院, 『邵南遺稿』, 成均館大學校 出版部, 2006.
- 인천광역시립박물관, 『邵南 尹東奎家 所藏 簡札』 해제자료집, 2009.
- 한국학중앙연구원, 『한국민족문화대백과사전』, 전자판.
- 한국학중앙연구원 藏書閣, 『邵南 尹東奎 書簡』, 한국학중앙연구원 출판부, 2012.
- 한국고전종합DB, 『성호전집』.
- 한국고전종합DB, 『순암전집』.

논저

- 구지현, 「성호 이익과 소남 윤동규가 주고받은 書簡의 樣相」, 『藏書閣』 37집, 2017.
- 김성윤, 「18세기 기호남인의 홍범 이해-성호 이익과 소남 윤동규를 중심으로」, 『조선시대사학보』 16집, 2001.
- 강세구, 「성호학파와 성호 문인 윤동규」, 『실학사상연구』 28집, 2005.
- 김시업, 「소남 윤동규의 근기학파에서의 위치」, 『한국실학연구』 9집, 2005.
- 김진국, 「인천 속의 도림촌, 도림촌 속의 인천」, 『소남 윤동규와 인천 도림동 실학문화 심포지움 논문집』, 2015.
- 김형찬, 「여주이씨·성호학파의 지식논쟁과 지식권력의 형성」, 『민족문화연구』 60호, 2013.

• 박종천, 「소남 윤동규의 의례생활과 예학 연구」, 『藏書閣』 37집, 2017.

• 서종태, 『星湖學派의 天主敎 수용 과정』, 『누리와 말씀』 23호, 2008.

• 서종태, 「邵南 尹東奎의 西學書 열람과 西學 인식」, 『성호학과 소남 윤동규 학술대회 논문집』, 2016.

• 윤재환, 「邵南 尹東奎의 『시경』 이해의 양상」, 『東方漢文學』 88집, 2018.

• 이근호, 「조선후기 인천지역 學人의 분포와 성향」, 『인천학연구』 8집, 2008.

• 이봉규, 「서간을 통해 본 소남 윤동규의 학문」, 『邵南 尹東奎 書簡』, 한국학중 앙연구원 출판부, 2012.

• 임학성, 「소남 윤동규가 소장 간찰 자료의 현황」, 『邵南 尹東奎家 所藏 簡札』, 인천광역시립박물관, 2009.

• 차기진, 「『조선 후기의 서학과 척사론 연구』」, 한국교회사연구소, 2002.

• 함영대, 「順菴 安鼎福의 求學의 여정과 講學의 관점」, 『韓國漢文學研究』 58 집, 2015.

• 함영대, 「소남 윤동규의 학술과 성호학파」, 『藏書閣』 37집, 2017.

• 허경진, 「소남 윤동규와 인천의 성호학파」, 『황해문화』 71집, 2011.